做一个『三栖』教师

苏祖祥 著

U0833251

江苏凤凰科学技术出版社 · 南京

图书在版编目（CIP）数据

做一个“三栖”教师 / 苏祖祥著 . —南京：江苏凤凰科学技术出版社，2023. 8

ISBN 978-7-5713-3714-8

Ⅰ . ①做… Ⅱ . ①苏… Ⅲ . ①语文课—教学研究—中小学 Ⅳ . ① G633.302

中国国家版本馆 CIP 数据核字（2023）第 159817 号

做一个“三栖”教师

著　　者	苏祖祥
责任编辑	吴梦琪　刘文芳
责任校对	仲　敏
责任监制	周雅婷
出版发行	江苏凤凰科学技术出版社
出版社地址	南京市湖南路 1 号 A 座，邮编：210009
编读信箱	skqsfs@163.com
联系电话	（025）83657623
印　　刷	溧阳市金宇包装印刷有限公司
开　　本	718mm × 1 000mm　1/16
印　　张	14
字　　数	190 000
版　　次	2023 年 8 月第 1 版
印　　次	2023 年 8 月第 1 次印刷
标准书号	ISBN 978-7-5713-3714-8
定　　价	50. 00 元

图书如有印装质量问题，可随时向我社印务部调换。

“三栖”教师是如何炼成的（代序）

苏祖祥先生又著书了。

他的语文教育专著《语文不是语文书》于2017年出版，该书是《中国教育报》“2017年度教师喜爱的100本书”之一，在业界颇有影响。《做一个“三栖”教师》是他的第二本著作，收录的大多是他最近六七年发表的一些主要文章。

我很早就知道苏祖祥这个名字了，十几年前在网上读过他大气恢宏的文章，但当时并不知道他也是中学语文教师，还以为他是专业学者。直到十年前的温州相聚，我才得以见到他的真容，并因此和他成为朋友。后来我受陕西师范大学研究生院之托邀请他来西安讲学，和他坐在西安美丽的南湖边，享受着夏天傍晚的美景，清风徐来，水波不兴，我们在烤肉的香味中饮酒畅谈，不亦乐乎……现在回忆起来，那真是非常美好的人生境遇。

苏老师有一个幸福的家庭，女儿是新加坡南洋理工大学博士。女儿和女婿游走世界各地，也让他得以间接了解世界风情，因而他虽处小城仙桃，却有世界眼光。他的学生别永超曾经来过我家，我们虽属两代人，但不论什么话题，都可以谈得投机。其间我们也谈到苏老师。永超很感念苏老师对他的精神影响，让我很有感触：学生就是教师的精神后裔，一个学生遇到一个自带光明的教师，也是人生福气。从一个学生身上，我们能够看到一个教师对他的精神辐射。教师也在这样的学生身上延续了自己的教育生命，传承了自己的文化使命。

什么是“三栖”教师?

从本书的三部分来看，“三栖”教师就是会教、会读、会写的教师。但如果理解仅限于此，显然是低估了本书，也浅化了理解。我在阅读本书的时候，请教过苏老师：“三栖”的“三”是不是可以理解为“多”？比如栖于真、善、美之间，栖于文、史、哲之间，栖于读书写作、教书育人、仰望星空之间……苏老师说，还可以理解为对艺术、科学和终极信仰的探索。显然，他认可了“三”就是“多”的意思。

本书所有的思考依然是紧紧围绕“人”展开的，作者对教育的思考是从人类文明史的角度着眼的。由此来看，“三栖”教师就是“全人”教师；做“三栖”教师，就是调动自己能够调动的一切资源，去读、去写、去教，让学生成为全方位发展的文明人。

“三栖”教师既是苏老师努力的方向，也应该是一个呼吁。人类进入工业化社会后，专业分工越来越细，教师的专业分工细化后，普通教师也局限在自己的专业领域，走在“能手”“专家”的路子上，有些人在乎的是如何评上高级职称，如何成为行家里手，至于教育的本质目的则不是每个人都清楚的，统治校园的是工具理性。“工具化”教师如鱼得水，有人文追求的教师渐渐成为“另类”。如何在工具理性与价值理性之间求得和解，如何在做大自己的精神空间的同时也影响到学生的精神格局，对此，苏老师付出过艰辛的努力，也有过纠结和挣扎。

我们知道汽车中有“跨界车”，教师中也应该有“跨界”的教师，比如成都的语文老师夏昆，他就能把电影、音乐引入课堂，大受学生欢迎。显然，苏祖祥老师也是一位“跨界”的教师，他除了语文专业的学历之外，通过自己的阅读自修，获得了一些“隐学历”，于是他的视野溢出尘外，向更大的空间拓展。正是多年持之以恒的努力，使他成为名副其实的“三栖”教师。

“三栖”教师是如何炼成的？这本书其实就是最好的回答。

首先，教师必须爱好阅读。当下真正爱好读书的教育者并不多，很多教师疲于应付非教育的事务，无法静下心来读书。钱理群先生认为：好的教育就是教师读书，学生读书；好的学校就是校长读书，教师读书。可以说，没有阅读，就没有教育。一个人的精神发育史就是他的阅读史。在我看来，一个教师的精神成长先于专业成长；没有精神成长，谈专业成长是不可想象的。对于一个有精神追求的教师而言，阅读不仅是获取知识能量、开拓精神空间的武器，也是通往自由的路。苏霍姆林斯基说过：“无限相信书籍的力量，是我的教育信仰的真谛之一。”阅读是语文教育的命门，对语文教师来说，没有持续的阅读，精神生命必然面临危机。从本书收录的文章看，苏老师的阅读面非常广：从“孔孟”“老庄”到曹雪芹、鲁迅，从王小波到狄马，从博尔赫斯到尼尔·波兹曼，从卡尔·波普尔到马尔克斯，从斯特林堡到卡尔维诺，从希伯来历史到以色列的今天，从大禹治水到挪亚方舟，从人工智能到未来教育，从科技发展到文明融合……读他的文章，你会充分感受到一个语文老师的博大从容，觉得做他的学生实在是一种荣幸。

记得苏老师来西安那一次，我去宾馆看他，发现他正在阅读美国作家贾雷德·戴蒙德写的《枪炮、病菌与钢铁：人类社会的命运》。这本书我一直没顾得上读，在苏老师的影响下，我也把它读完了。苏老师读书和我类似，并不是一开始就读教育教学类书籍，而是从教育外围读起来，散兵游勇式地从教育的外围突击，文学、历史、科学、美学、哲学、宗教学……完全凭自己的兴趣。这样的阅读，似乎一开始距离目标远了，但从后来对教育教学的影响看，这些阅读好比是为盖房子准备的很多材料，使得他在讲解课文内容的时候有了很多抓手，指导学生阅读的时候更有把握。因为学生不会喜欢一个知识贫乏、内心苍白的教师。

其次，教师必须爱好写作，尤其是文科教师。有人说语文教师“能写就能教”，因为能写就会对文章的产生过程有直观的体会，不管分析课文还是批阅学生作文，都能做到有的放矢，切中要害。同时，写作也是自我提升、自我塑造、自我治愈的手段。

一个会写作的教师一定会表达，会反思，会发现问题，会通过写作不断提醒自己，矫正自己的教育教学行为，让教育教学变成提升自己生命品质的美好过程。

写作是孤独的事，也是一条通往内心深处的幽暗小径，让一个人在落入困境的时候找到内在的支撑。同样，写作也是自由的产物，一个教师要有思想的自由，必然要体验孤独。苏老师的文章，不管是评《双城记》《九三年》，还是写徐继畬与福泽谕吉，也不管是评《红楼梦》《西厢记》，还是写“雪夜关门读禁书”，抑或是给土耳其作家奥尔罕·帕慕克《我的名字叫红》写阅读笔记……我都看到了这种自由的孤独。一个教师，别急于出名，别抱怨怀才不遇，在密室里悄悄聚集能量，这也是苏老师的成长给我们普通教师的启示。

写作不仅是消解孤独、战胜孤独的过程，也是发现自我的过程。孤寂状态下的写作，让一个教师发现自我，重塑自我，因而视野更加开阔，精神更加自由。至今我还时不时见到苏老师在《今晚报》《师道》《教师博览》以及他自己的微信公众号上发表文章。苏老师并不是天天写作的“快枪手”，但他每一篇作品出来都有不错的质量，可见他对汉语的尊重和对思想的追逐。

最后，仅仅教书是不够的，教师必须有更多的关怀。苏老师的这本书中有很多篇写到教育，也写到家庭教育。在他看来，教育是培养公民的，不是培养工具的。“完整的教育造就完整的人，并不只以培养精英为目标，更以造就现代社会的公民为目标。”他希望教育尊重每一个学生：“一个生态平衡的森林，既要有高耸入云的云杉、高大挺拔的橡树、岁寒不凋的松树，也要有耐寒耐旱的沙柳、艳丽多刺的玫瑰、生命力旺盛的荆棘，还要有柔弱袅娜的君子兰、亭亭净植的荷花、野火烧不尽的野草。”（《完整的教育造就完整的人》）他呼吁家庭教育尊重孩子的独立人格：“从孩子呱呱坠地的那一刻算起，他就是一个有着独立人格和意志的个体。虽然父母赋予孩子生命，但造物主却赋予孩子灵气。父母不是孩子的主宰者，家庭教育也不是命令与服从的代名词。”（《家庭教育为何演变成“教育战争”》）他特别看重语言的形塑功能。在他看来，“语文实际上承担着寻找言说方式、探寻生命意义、追问存在理由、凸显个体尊严、形塑民族性格的重任，承担着为每一个人寻找安身立命之所的责任。”这就把语文教育提高到信仰的层面。海德格尔说：“语言是存在之家。”师生的精神家园就是在一节又一节课的教学相长、一篇又一篇文章的阅读分析中逐渐建立起来的。

读书、教书、写书，这是苏老师教育生活的三个主要部分。阅读，让他吸纳人类文明的精华；教学，让他与学生一起共同感受人类文明的美好成果；写作，让他与古往今来的思考者对话交流。这样的外在活动和内心体验也成为苏老师安顿自己身心的方式，至于能不能被外界看到，能不能获得什么美誉，这并不是苏老师所关心的，因为他向往“草木有本心，何求美人折”的境界。几十年兢兢业业，阅读、思考、写作，不断积累生命能量，呈现在读者面前的就是这些年成果的部分展示。得到这些成果，就好像得到了作者一部分的生命。

作者和读者之间的缘分是通过文字建立起来的，当作者说出了读者内心想要表达的，就好像是读者自己写下了这些文字，作者似乎成了读者的另一颗心，这就是共鸣。

但愿这本厚积薄发之作，能够在您的内心引起回响和共鸣！

杨林柯

2023 年 1 月于西安

目　录

—— 第一辑　教有所思　01

02

第二辑 读有所想

03 —— 第三辑 写有所得

01

第一辑

教有所思

教育的终极目标：以真求道，以善养气，以美修身

终极目标应当具备理论性、超越性、继承性、前瞻性、普适性等特质。只有这样，才能流传久远，成为一代又一代人的共同追求。

无论是从教师还是从学生的角度来看，这一目标都具有引领作用。真善美从来就是、现在仍然是、将来也依然会是人类的终极价值，是人类的共同语言。

以真求道，是从科学层面而言的。它意味着师生用“真”的精神、态度和方法，来探求大自然和人类社会的发展规律。

以善养气，是从伦理道德层面而言的。以善养气意味着以“善”为起点和终点，师生涵养一身正气和“浩然之气”。

以美修身，是从文学艺术层面而言的。它意味着“美”既是手段，又是目的，师生以此作为修炼自身气质、提高审美能力的不二法门。

滚雪球：因应陌生化场景的阅读方式

——以跨界阅读迎接新高考挑战

一、滚雪球的意义

滚雪球式读书、滚雪球式讲课，在仙桃方言里一般被称作“扯野棉花”，意思是读起书来、讲起课来东扯西拉、漫无边际、忘记主旨，最后都找不着北了。显而易见，用“扯野棉花”来评价一种读书方式、一种讲课方式，包含着批评、不满甚至怒怼。之所以有这样的评价标准，主要原因是“两耳不闻窗外事，一心只读圣贤书”的观念根深蒂固，学校评估、学生听课、检测考试的目的明确，指向单一。如果与此相悖，那就是不务正业、南辕北辙了。可是，这样的评价标准真能衡量一节课的好坏吗？目标明确单一、完成课时任务就是形成阅读能力的不二法门吗？多向度、立体化的综合性人才，触类旁通的联想能力和想象能力，不正是在滚雪球式的读书过程中形成的吗？有鉴于此，我赋予滚雪球式读书（观影）以如下积极意义：层层递进地积攒方法、情感和思想；保持探究的好奇心和强烈欲望；培养由此及彼的迁移能力，相关、相似、相同、相反关系的比较能力，触类旁通的联想能力，创造、创新的想象能力；形成同情心、同理心；在吸收人类文明精华之后形成自己的认知模式和人格模式。

二、准备读书报告会

2016 级高一下学期开始，我一如既往地着手准备读书报告会。在以往各届的基础上，我做了一些调整：对于每节语文课前五分钟的分享环节，初步计划在两年半的时间内，按照新闻时政、随笔（包括科学小品、科普文、说明文、论说文、游记、散文等）、诗歌、人物传记、小说的顺序进行品读，大体上与高考试卷的阅读文段顺序保持同步。再就是每周三第一节晚自习进行一个小时的经典鉴赏，内容有小说、传记、随笔、学术类论著，也可以是影视鉴赏、TED（Technology，Entertainment，Design 的英语缩写，即技术、娱乐、设计）演讲欣赏等。我与（7）班的语文课代表柳同学（她后来“辞职”，第二任课代表丁同学也很负责）多次商量、讨论，确定流程、人员和内容安排，特别是文章内容要努力体现人类文明的优秀成果。虽然语文课处于不尴不尬的状态——语文考试不能反映部分学生的语文水平，语文测试的科学性、有效性受到部分怀疑，学生语文学习的积极性受到打击，老师讲授语文也充满挫折感，何况我还试图“别出心裁”地去开展读书报告会，更有可能遭受学生和家长的冷待和抵制，但我还是义无反顾地做着准备，并反复讲解读书报告会的意义，希望学生能理解阅读对他们今后可持续发展的作用——如果一次不行，就两次、三次，直到十次、百次、千次，甚至一千零一次。

我所教的（7）班有 75 人，分成 12 个学习小组。读书报告会由各学习小组轮流主办。柳同学组织能力强，做事也很主动，基本不用我操心人员分配、板书要点这类事。我要做的事就是每次都提醒学生不光要听，更要及时记下笔记并随时翻看；再就是提醒主讲人声音大一点，争取让教室里的每一个人都能听到。为了验证主讲人的声音能让教室里的每个人都听到，我会走到一组和四组最后面的角落，留意倾听并不断提醒、鼓励主讲人。有可能的话，主讲人与台下的同学进行语言上的互动时要有眼神交流，争取让教室里的每一个人都感受到主讲人的眼神能“扫描”到自己，感受到主讲人强烈的气场和感染力。如果主讲人声音逐渐增大，逐步克服颤抖，我就提醒学生给予主讲人掌声鼓励。毕竟每个人的成长都需要良好的环境，需要同学所给予的温情关怀。交流和沟通的能力是今后进入职场、胜任工作的必备能力，也是进一步发展、深造的必备能力。一些家长和学生认为，高中期间就应该拼命“刷题”，全力以赴地考上一个好大学，考上大学后再发展交流能力。其实这是一个错误的观点。试想：在新高考背景下，拼命“刷题”就一定能考一个好大学吗？“刷题”考虑效率的提高、能力的养成了吗？单一的“刷题”能力、扁平化的人格模式，能让学生成长为一个多向度、多维度的人吗？“刷题”淹没了人丰富的个性，真的好吗？我还用如下比喻来说明这个问题：树根、树皮、树叶、树枝、树干，本来应该同时生长，能不能先只长树干，等树干长到 10 米高后，再去长树根、树皮、树叶、树枝？世界上有这样的生长方式和这样的道理吗？我们愿意看到眼神无光的青春面孔吗？经过多次讲述，不少学生接受了我的想法，认识到多年来的机械式“刷题”只追求速度和分数，实际上是对他们的摧残，“都是为了你好”“考上大学就好了”的说法其实是一剂迷幻剂，是不负责任、不尊重教育规律的。

三、跨界阅读的“合法性”

为了尽量消除学生、家长和学校认为滚雪球式阅读是在做无用功甚至是做负功的疑虑，我不厌其烦地讲解近年来高考各科的巨大变化。从2015年开始，“阅读为王”在高考试卷中逐步得到体现：题目背景的场景设置陌生化，重视随机应变能力的考查，注重基本知识、方法、能力在不同场景下的运用和发挥；打破学科界限，实现跨学科、跨领域融合，综合性、交叉性的复合型思维方式得到更充分的展示。以下是高考各科试卷陌生化场景设置的一些题目。

1. 数学

2015年高考数学（理科）全国Ⅰ卷选择题第6题：

《九章算术》是我国古代内容极为丰富的数学名著，书中有如下问题：“今有委米依垣内角，下周八尺，高五尺。问：积及为米几何？”其意思为：“在屋内墙角处堆放米（如图，米堆为一个圆锥的四分之一），米堆底部的弧长为8尺，米堆的高为5尺，问米堆的体积和堆放的米各为多少。”已知1斛米的体积约为1.62立方尺，圆周率约为3，估算出堆放的米约有（　　）。

A. 14斛　　B. 22斛　　C. 36斛　　D. 66斛

2017年高考数学（理科）命题在展示传统文化、设置陌生化场景方面也是不遗余力的。比如全国Ⅱ卷第3题考查等比数列。试题从我国古代数学名著《算法统宗》引入，然后通过诗歌提出数学问题，阐明试题的数学史背景。全国Ⅰ卷第2题以我国太极图中的阴阳鱼为原型，设计几何概型以及几何概率计算问题。浙江卷第11题以我国古代数学家刘徽创立的割圆术为背景，设计在圆内计算正六边形的面积问题。北京文理科数学卷选择题中，均出现了传统文化中极具代表性的符号——围棋。

2. 化学

2015 年高考理综新课标 I 卷中有一道化学试题：

我国清代《本草纲目拾遗》中记叙无机药物 335 种，其中“强水”条目下写道：“性最烈，能蚀五金……其水甚强，五金八石皆能穿第，惟玻璃可盛。”这里的“强水”是指（　　）。

A. 氨水　　B. 硝酸　　C. 醋　　D. 卤水

3. 生物

2016 年北京高考生物卷第 6 题第（5）小题：

请考生结合 EV（埃博拉病毒）的系列研究，为治疗 EV 病提出两种思路。

这种跨学科考查模式是对当下机械“刷题”的一种有力阻遏，也是我特别感兴趣的，希望学生也能向着打破学科界限的方向努力。如何面对陌生化场景设置，如何走出“刷题”得高分、面对实际问题却束手无策的“怪圈”，如何理解跨学科、跨专业、跨领域的重要性，如何用综合性思维来思考问题、解决问题，是如何体现学以致用的原则的首要问题，也是教育如何转型需要面对的迫切问题。从某种意义上说，我们学习到的知识、方法、能力，如果最终能够转换为在充满不确定性的陌生化环境里处理问题、解决问题的能力，才是真正的智慧；而千百遍“刷题”所形成的单一解题能力，只是百无一用的“屠龙之技”。从形成创新能力、创造意识的角度来说，面对陌生化场景不犯晕、不怯场是必须具备的应试要求，而且打破学科的“门户之见”是面对复杂多变的未知世界时必须具有的一种姿态和方法。我特地用英国作家丹尼尔·笛福的长篇小说《鲁滨逊漂流记》和电影《荒岛余生》作为例子，来证明应对陌生化场景的能力关系到一个人的生死存亡。滚雪球式跨界阅读是我们打破学科界限、适应陌生领域、培养处理复杂问题的随机应变能力的较好方式之一。于是我设计了不同板块作为课前分享和读书报告会的内容。

四、跨界阅读的内容板块

1. 新闻时政板块

高考会对新闻进行考查，必修教材里有新闻单元，生物试卷出现埃博拉病毒相关内容等，这些信息成为我们必须了解新闻时政的最有力的理由。从新闻与历史的关系的角度来说，不妨引述美国某报纸创始人菲利普·格雷厄姆的话：新闻是历史的初稿。亚里士多德说过：人是天生的政治动物。因此，关心时政对我们来说很有现实意义，认为远离政治是一种高姿态，完全是一种错误的理解。

于是学生们开始进行新闻时政分享。刚开始，他们明显对国际新闻更感兴趣，但在分享时的声音、语速、姿态、程序等都有需要改进的地方。陈同学刚上讲台时明显在发抖，声音很低，语速过快，不敢看讲台下的同学。我提醒他语速慢一点，声音大一点，视线最好与同学有接触，教室里的同学都是朝夕相处的人，没什么值得恐慌的。到第二次的时候，陈同学有所改善，能够直面同学，声音响亮了很多，语速也有所调整。

我提醒学生注意如下事项：新闻来源要真实可靠，最好选择权威新闻机构的消息；新闻要客观、公正，最好要有不同方面的事实报道；新闻内容要多样化，最好涉及政治、军事、经济、文化、教育、体育、民生、科技等各方面，特别是他们眼下不大感兴趣的经济，今后说不定会成为报考的热门专业，更要多多涉猎，多多关注；分清新闻报道和时政评论的区别，时政评论是对时事政治的看法和观察，必须体现进步的价值观；分清事实与观点、真实与表象，不要被泡沫化、碎片化、浅表化的内容及“标题党”所左右；学会搜索、辨析、认证，知道如何设置关键词进行搜索，如何找到佐证，如何确证，如何寻根究底挖掘事实真相。

说到挖掘事实真相，我还解释了报刊的深度报道与一般报道的区别。在讲证实或证伪的方法时，我以陈志武的文章《要经济转型，首先要教育转型》为例进行说明，并引述如下要点：“科学方法的第一步是提出问题和假设，第二步是根据提出的问题去找数据，第三步是做分析、检验假设的真伪，第四步是根据分析检验的结果做出解释。如果结论是证伪了当初的假设，那么，为什么错了？如果是验证了当初的假设，又是为什么？第五步就是写报告或者文章。”

在学生进行分享的时候，我会做点评、引申，有时还有背景介绍、历史地理等方面的即兴发挥，时间为 5~15 分钟。新闻时政板块的分享为期 10 个星期。如果我在课堂上介绍的内容不够详细或者出了差错，欢迎学生加以补充、纠正；我自己也会在课后搜索查证，下一节课进行补充、纠正。比如涂同学就纠正过我引述《论语》内容“觚不觚，觚哉！觚哉”的时候不够准确，我提示他在黑板上写下来，然后加以讲解。值得一说的是，为了让课堂内容与新闻分享挂钩，我也尽可能利用教材资源，特别是《外国小说欣赏》。在介绍作家的时候，我往往会连带介绍作家的国籍，这个国家的历史、地理、现状，这位作家使用的语言所属的语系、语族、语支、语种。比如学生分享欧洲联盟（简称欧盟）安置难民的新闻时，我就把瑞典作家斯特林堡的《半张纸》、意大利作家卡尔维诺的《牲畜林》与此新闻联系起来。

2. 随笔板块

高考阅读考查论述类文本、实用类文本，成为我们课前分享随笔的强有力的理由。新高考注重逻辑考查，因此，我搜索到《24 种常见的逻辑错误》一文，印发给学生阅读，同时布置一定量的训练题。与新闻时政分享相比有所改进的地方是，我要求学生在分享随笔之前，在黑板上板书文章内容要点，理清文章脉络，同时还板书作者姓名、生卒年、国籍以及文章出处——包括书名、出版社、出版时间等。这一板块用的总时间为一个学期。

李同学分享的内容：

王小波的《我看文化热》这篇文章总共有三段，每段都有明确的主旨。第一段点明了最近一次文化热的实质与荒谬之处。第二段则以文艺复兴为例，阐释人文精神，认为文化是创造性劳动的成果。第三段揭示这次文化热的原因和危害。作者认为这次文化热将伦理道德等同文化，是一种错误的思想潮流，应及时停止，否则会愈演愈烈，使文化枯竭。

胡同学分享的内容：

狄马《多元的陷阱》的文章脉络：

多元主义是一把双刃剑；

多元和一元从来就不是一对矛盾的概念；

一元必须符合元的基本规则；

多元不能容忍破坏多元的人；

多元主义再重要，也不能重要到危害人生命的程度。

刘同学与大家分享的文章是《蝴蝶效应和混沌理论》：

1972 年，美国麻省理工学院教授、混沌学开创人之一洛伦兹发表了题为《蝴蝶效应》的论文。在文中，该教授发表了惊人之论：“巴西的亚马孙丛林中一只蝴蝶轻轻地扇动几下翅膀，就会在美国的得克萨斯州掀起一场龙卷风。”蝴蝶真有这么大的威力？还是这位教授在开玩笑？事实上，这位教授所说的“蝴蝶效应”在数学上可以用“混沌理论”来解释。什么是混沌理论呢？混沌是一种“表观上”混乱无序，而实际上具有深层次规律性的特殊运动形态，它的特点是对于系统的初始条件具有极端敏感的依赖性，在系统初始任何一点点细微的改变，都会在系统后期发生翻天覆地的变化。

在此基础上，我做了如下引申和发挥：第一，这个世界的微妙和复杂，远不是有着巨大局限性的人类能够全部弄清的；第二，理性是人类认知大自然的重要能力，但不要陷入理性僭妄的泥淖；第三，非线性、多样性、随机性是混沌理论的要点；第四，传统的经典科学试图用定量的方法精确描述研究对象，然而客观世界是充满随机性和不确定性的，因此有时需要用定性和定量相结合的方法来描述客观世界；第五，海森堡的测不准原理与混沌理论有异曲同工之妙；第六，博尔赫斯的小说《沙之书》中有对理性的局限性的警惕，卡尔维诺的小说《牲畜林》也在阐释随机性和不确定性；第七，科学哲学家卡尔·波普尔的《猜想与反驳》一书中提出了判断理论（命题）是否科学的标准是falsifiability（经常被译成“可证伪性”）。

何同学分享的尼尔·波兹曼《娱乐至死》一书的内容：

《娱乐至死》是对20世纪后半叶美国文化中最重大变化的探究和哀悼：印刷术时代步入没落，而电视时代蒸蒸日上；电视改变了公众话语的内容和意义；政治、宗教、教育和任何其他公共事务领域的内容，都不可避免地被电视的表达方式重新定义。电视的一般表达方式是娱乐。一切公众话语都日渐以娱乐的方式出现，并成为一种文化精神。一切文化内容都心甘情愿地成为娱乐的附庸，而且毫无怨言，甚至无声无息。

波兹曼抨击电视文化对美国文化的恶劣影响。娱乐节目的泛滥，导致很多电视节目的目的就是越短越好，避免复杂，无须精妙含义，用视觉刺激来代替思想。电视本身的性质决定了它必须舍弃思想，迎合人们对视觉快感的需求。甚至知识分子都不再关心如何担起各自领域的职责，而是把更多的注意力转移到如何使自己能够更加上镜。波兹曼认为在印刷时代，我们通过厚重的文字来获取知识，进行深度思考；而娱乐让我们沉浸其中，驻足不前。由于娱乐所传达的信息缺乏关联性，使得人们习惯了这种模式，逐渐丧失了辨别能力、思考能力。同时，本不该是娱乐内容的东西被娱乐化，娱乐与非娱乐的界限越来越模糊。波兹曼担心，人们在汪洋的信息中变得被动和自私，文化会变成充满感官刺激的庸俗文化。

波兹曼还向我们传达了一点：媒介在内容选择上并不是中立的，作为形式的媒介在功能和影响上比它所传递的信息要重要得多，它会影响人们得到的信息的形式，从而彻底影响人们的思考方式。另外，特定的媒介会偏好特定的内容，对待不同内容，媒介形式是有差别的，并非一视同仁。每一种工具都蕴含超越其自身的意义，长此以往，特定的媒介所提供的特定内容，将会慢慢塑造新的文化特征。

3. 经典鉴赏板块

这一板块通常在每周三第一节晚自习时间进行，时长一个小时，分享的学生以两三人为宜，如果时间不够，第二天的第一节语文课继续进行；以学习小组轮流主持为主；有时我发现同学放在课桌上的正在读的书，也会请这位同学来分享。

夏同学分享了长篇小说《霍乱时期的爱情》。这是加西亚·马尔克斯获得诺贝尔文学奖后出版的第一部小说，讲述了一段跨越半个多世纪的爱情史诗，被誉为“人类有史以来最伟大的爱情小说”。值得一提的是，在学习《外国小说欣赏》里的马尔克斯的小说《礼拜二午睡时刻》之时，夏同学纠正了我介绍马尔克斯生卒年时出现的错误。

李同学分享了经典电影《肖申克的救赎》，也制作了演示文档。他提醒同学们记下里面的经典名句：“有一种鸟是永远也关不住的，因为它的每片羽翼上都沾满了自由的光辉！”另外，他还分享过教育类经典电影《死亡诗社》以及融合了科学与艺术之美的纪录片《迁徙的鸟》等。

4. 综合板块

2018 年 1 月 4 日，我邀请我校 2006 届毕业生、谷歌总部高级工程师王晶来校做演讲，他演讲的主题是“AI（人工智能）研发现状及前景”。（7）班学生听了这次讲座后，也对 AI 产生了浓厚的兴趣。于是我就趁热打铁，请电教课代表马同学播放科学家李飞飞的演讲《如何教计算机理解图片》。这个演讲时长 18 分 02 秒，学生们听得如痴如醉。当视频播放到计算机最后错误地描述“一个男人在房子旁边的一条街上骑马前行”（图片实际内容是一个男子骑在马上的青铜塑像）时，学生们更是笑得前仰后合。我点评道：“弱”人工智能机器人犯的错误多么幼稚，在可预见的将来，人工智能即使模仿我们人类的某种单一能力，也还有很长的路要走，我们没有必要对人工智能机器人感到恐惧，就像我们曾经经历过的对火车、汽车、飞机不再感到恐惧那样。这个系列把握住最前沿的科学动态，极大地拓宽了学生的视野。

叔本华说：“一切艺术向往音乐的形式。”从这个意义上说，音乐是最高的艺术形式。文学与音乐有着密不可分的关系。在学习《中国古代诗歌散文欣赏》时，我结合课本上的乐谱和诗词，先后播放过器乐曲《春江花月夜》，歌曲《明月几时有》《虞美人》《月满西楼》，还有《满江红》《阳关三叠》，等等。放寒假前的最后一节课正在上《滕王阁序》，恰逢下大雪，学生们躁动不已，兴奋莫名，我干脆决定不继续讲这篇课文，而是与他们听几首曲子：器乐曲《渔舟唱晚》（《滕王阁序》里有名句“渔舟唱晚，响穷彭蠡之滨”），中文歌曲《踏雪寻梅》《梅》，英语儿歌《铃儿响叮当》，等等。

王羲之有言：“仰观宇宙之大，俯察品类之盛，所以游目骋怀，足以极视听之娱，信可乐也。”（《兰亭集序》）这是一种超越了功利和实用的审美境界。我的一些努力，希望能够兼顾功利实用、审美超越、探索未知的各个方面。唯愿这些努力能让学生找到一点快乐，得到一些启发，为今后的可持续发展奠定基石。

人类配得上所受的苦难

——《理水》引出的灾难教育

校园里的应急避难场所、随处可见的消防器材、不时响起的消防警报……这些都在提醒我们：现实生活中的灾难离我们并不遥远，灾难教育必须时时处处加以落实。

历史传说、文学艺术等方面的相关作品也在提醒我们要有居安思危的意识：大禹治水的故事、挪亚方舟的故事、《荷马史诗》《黍离》《国殇》《鼠疫》《后天》《2012》……天灾人祸所造成的灾难，从来就是艺术、科学、伦理所关注的问题。2019 年高考全国Ⅰ卷考查鲁迅小说《理水》，以大禹治水为背景，侧重于天灾；2021 年新高考Ⅰ卷考查卞之琳小说《石门阵》，以抗日战争为背景，侧重于人祸。

灾难是指因人为和自然原因而造成的灾祸苦难，包括地质灾难、气象灾难、生物灾难、环境污染、交通事故、工伤事故、瘟疫、火灾等。“灾难教育是指通过让学生感受人类遭受的灾难，让其体悟生命的脆弱和人类的无力，借此唤醒学生的生命意识，增进其同情心、同理心的教育……其重要价值在于让学生体会人类脆弱、无助、痛苦、绝望的一面，进而学会同情、学会关心，感受生命之渺小和人性之伟大……要在实践中落实灾难教育，除树立正确的灾难教育观念和创新灾难教育形式外，还要善于运用情境体验、想象体验和行动体验等策略，以唤醒学生对他人的怜悯之情、对生命的敬畏之心。”①

本文以语文复习为契机，以高考原题为触发点，串起中小学语文教材里涉及的灾难，试图在灾难教育方面做一些尝试。

一、艺术引起疗救的注意

人性可分为感性、知性、理性、德性、灵性、神性六个维度，其中感性是最敏感的部分，是艺术的触发点。艺术经由感性，向其他五个维度迸发，对外宇宙、生命奥秘以及人类的思维、语言、行为、习惯、规则、法律、秩序、道德、科学、信仰进行全方位、覆盖式的描述和探索，试图以审美的方式对外宇宙、内宇宙建构独特的解释系统、理解模式、理想世界。

鲁迅在《南腔北调集・我怎么做起小说来》中说：“所以我的取材，多采自病态社会的不幸的人们中，意思是在揭出病苦，引起疗救的注意。”艺术大致上有独抒性灵、文以载道这两种不同的追求目标，有兴、观、群、怨的不同功能。“引起疗救的注意”是灾难艺术的主要目标和功用。

① 罗祖兵．灾难教育的含义、机制与策略：基于“反向教育”的思考［J］．华中师范大学学报：人文社会科学版，2021，60（5）：170-177.

2019 年高考全国 I 卷阅读题《理水》教学片段

师：大禹治水是一个大家耳熟能详的故事，但在鲁迅《理水》这篇小说里，却有一种陌生化的效果。你们读完节选片段之后，认为哪些地方具有陌生化效果呢？

生（不同学生均以“生”注明，以下不再说明）：什么是陌生化？

生：就是熟悉的故事和人物，采用不一般的手法进行叙述之后，读起来有一种陌生、不熟悉的效果。

师：说得好。“陌生化”的实质在于不断更新我们对人生、事物和世界的陈旧感觉，把人们从狭隘的日常关系的束缚中解放出来，摆脱习以为常的惯常化的制约，不再采用自动化、机械化的方式，而是采用创造性的独特方式，使人们面对熟视无睹的事物也能有新的发现，从而感受到对象事物的异乎寻常。[①] 请大家说说哪些地方具有陌生化效果。

生：用现代机构“水利局”来说 4 000 多年前的故事。

生：还有奇异食品展览会。

生：还有音译词“摩登”的使用。

生：小说描写大禹的随员，出人意料地这么写道：“只见一排黑瘦的乞丐似的东西，不动，不言，不笑，像铁铸的一样。”看似贬义，实际上是褒义。

师：找得好。其实，我们弄清了这个问题，也就不难回答第 9 题——请从“故事”与“新编”的角度简析本文的基本特征。

生：我先从“故事”的角度说特征。故事意味着原来就有，历史记载、民间传说都有根有据。

生：“新编”有点像戏说吧？或者像奇幻、穿越小说？

---

① 俞香顺．传媒·语言·社会［M］．北京：新华出版社，2005.

师（笑）：有某些相似之处。戏说、大话、奇幻、穿越也有非常优秀的作品，比如《大话西游》《权力的游戏》《指环王》等。我们还是回到考题上来吧。

生：“新编”意味着打破原来的叙述方式和结构，融入一些现代元素，赋予小说以新的意蕴。

师：说得不错。哪位同学能够综上所述，进行概括？

生：收到借古讽今、观照现实的效果。

师：几位同学的说法与标准答案很接近了。现在我们来看参考答案（略）。小结一下：本题6分，要答90~120个字；先说“故事”特征，再说“新编”特征，最后合二为一进行概括；每一点都要把思想内容与表达技巧结合起来回答。现在来看第8题，这题以初中学过的鲁迅名言作引子，考查《理水》对“中国的脊梁”的塑造方法；换言之，就是考什么？

生：表达技巧。

师：再说具体一点。

生：表达方式中的描写方法。

师：对。同学们看看作者运用了哪些描写方法？

生：人物形象描写、语言描写、行为描写、对比描写。

师：对照参考答案（略），看看自己的答案能得多少分。

（生对照参考答案）

师：这里我们不妨根据《理水》《中国人失掉自信力了吗》，朝灾难教育方面拓展一下。

生：大禹治水用疏导的方法，是民族智慧的一种表现。面对大洪水，大禹不再沿用父亲鲧的治水方法——“湮”，而是与随员历经千辛万苦，终于疏通洪水，造福于民。这就是“中国的脊梁”。

生：灾难伴随着人类文明。有天灾，也有人祸。大禹面对的主要是天灾，但也有人祸，比如那些尸位素餐的官僚，那些只知道歌功颂德的文人，那些因循守旧的老官，那些漠视民众的大员。天灾造成人祸，人祸加剧天灾。

师：两位同学归纳得不错。我补充一下，大洪水灾难不仅在中华文明中有不可磨灭的记忆，在西方文明中也有记载，那就是著名的挪亚方舟的故事。在洪灾的威胁下，先民所采用的方法是湮、导、造船。无论是神话传说还是宗教经典，都反映出先民直面灾难、不惧艰险、知其不可为而为之的顽强精神。这正是人类生生不息、不断壮大、走向文明的根本原因。

生：我们看一些灾难片，比如《后天》《2012》，最终引导人们走出灾难的，往往是那些具有顽强精神的平民英雄，是那些充满信念的普通民众。

师：可见在强大的大自然的威力面前，人类看似渺小无助，但总能消灾度厄的原因是内心强大的人类定能战胜灾难，获得生机。我们生活在一个正常的时代，往往把正常状态当作天经地义、理所当然，而把杞人忧天当作可笑荒唐。然而，“天有不测风云，人有旦夕祸福”，天灾人祸其实与人类文明相伴相生。6 500 万年前，一颗直径大约 10 千米的陨石从天而降，在墨西哥尤卡坦半岛撞击出一个直径大约 180 千米的陨石坑，称霸地球的恐龙从此灭绝，哺乳动物开始慢慢繁殖，并成为地球的主宰。正可谓“祸兮福所倚，福兮祸所伏”。另一个例子是，7.5 万年前，印度尼西亚多巴火山大爆发，火山灰效应导致全球气温平均降低 5 ℃。这次灾难几乎使人类灭绝，仅有数千人幸存。然而，正是这仅存的数千人演化为现代智人，极大可能在语言方面获得基因突变，从而具有尼安德特人、丹尼索瓦人所不具备的语言组织能力。这些现代智人走出东非大裂谷，走向欧洲、亚洲、大洋洲，后来又走向美洲，成为今天地球上 80 亿人的共同祖先。

英国历史学家、哲学家汤因比有一个说法：一种文明如果能够成功地应对挑战，那么它就会成长、壮大；反之，如果不能成功地应对挑战，那么它就会走向衰落、解体。这一说法被简称为“挑战－应战理论”。现代智人走出东非大裂谷，经受了严峻的挑战，逐步从采集、渔猎、畜牧文明，走向农耕、商贸、工业、信息文明，创造出今天蔚为大观的文明成果。陀思妥耶夫斯基说：“我只担心一件事，我怕我配不上自己所受的苦难。”如果反其意而用之，那么我们可以说，人类今天所取得的文明成果，足以表明人类配得上所受的苦难。

二、寻找消灾度厄的方法

卞之琳的小说《石门阵》不是正面直接描写抗日战争，而是借王木匠之口讲述一个带有传奇色彩的抗击日寇的故事，有强烈的传统说书特征。

2021 年新高考Ⅰ卷阅读题《石门阵》教学片段

师：战争是人性中的暗黑与光明之争，或者是暗黑与暗黑之争。古往今来，各民族就不断书写战争，着力呈现人性的丰富性和复杂性，表现真善美与假恶丑之间的较量，比如《诗经·小雅·采薇》《国殇》《格萨尔王传》《吉尔伽美什》《伊利亚特》《奥德赛》《摩诃婆罗多》《罗摩衍那》。抗日战争是正义的中国人民为抵御外敌侵略、捍卫民族尊严而进行的殊死抗争。尽管抗日战争极其惨烈，中国人民蒙受巨大牺牲，可这并不影响小说以象征手法来表现军民团结一心，并不影响抗日军民以轻蔑的口吻讲述侵略者的野蛮、邪恶，并不影响中国人民藐视那些烧杀抢掠的侵略者。

生：我认为《石门阵》的写法与卡尔维诺的《牲畜林》有相似之处。战争本来是残酷血腥的，但这两篇小说都以巧合、轻松的方式，写军民打败侵略者，表现出对侵略者的蔑视，对保卫家乡的反抗者的敬佩。

生：两篇小说都有民间故事的轻松诙谐，都借鉴了传统故事的讲述模式。

师：你们的比较视角有意思，今后可以从事比较文学研究（师生笑）。确实，古今中外的艺术可能会有相似之处，可谓殊途同归。现在我们来探讨小说的象征手法。象征与比喻的区别是什么？

生：比喻是修辞手法，是就句子而言的，是修辞之母；象征是表现手法，是就整篇文章甚至整部书而言的，是一个宏大的比喻。

师：说得好。下面我们来看第 9 题——小说中多次出现的“门”，在不同层面有不同含义，请结合文本加以分析（6 分）。回答这类题，要遵循什么原则？

生：先答表层意义，再答深层含义，最后答抽象意义。

生：第一层意义就是具体的“石门阵”，打败日寇的阵法；第二层意义是军民誓死守护的每家每户的家门，以及国门；第三层意义是从诸葛亮那里借鉴而来的智慧和方法。

师：现在我们来看参考答案（略）。对照自己所写的答案，看看能得几分。

（生对照参考答案）

师：现在我们针对战争这个话题拓展一下吧。如果说艺术意在激发人们对侵略的仇恨、对正义的追求、对和平的向往，那么科学、伦理、信仰则主要是寻求制止战争的机制，减少战争的损失，消弭战争的根基，设置监督并管控灾难的组织。除了从艺术的角度表现战争，还应该从军事学、政治学、哲学、伦理学、经济学、心理学等角度来研究战争、减少战争、消除战争，从而消除灾难。无论是从哪个角度来看，人类普遍性地倾向于反战弭兵、铸剑为犁、热爱和平、消灾度厄。我搜集了一些材料，并谈了自己的感想，供同学们参考。

● 《周礼·地官司徒·大司徒》中提到周朝设有“大司徒”一职，职责就是“以保息六养万民”：“一曰慈幼，二曰养老，三曰振穷，四曰恤贫，五曰宽疾，六曰安富。”

● 孟子曰：“凶岁，子弟多暴，非天之降才尔殊也，其所以陷溺其心者然也。”贾谊在《论积贮疏》中写道：“兵旱相乘，天下大屈，有勇力者聚徒而衡击，罢夫羸老易子而咬其骨。政治未毕通也，远方之能疑者，并举而争起矣，乃骇而图之，岂将有及乎？”——发生灾难之后，通常次生灾难会发生，会导致礼崩乐坏，社会进入失序状态。如何让灾难程度降到最低，历来是人们关注的重点。

● “哈佛大学教授史蒂文·平克（Steven Pinker）系统汇集了众多历史学家关于暴力史的研究，以大量数据展示出一幅与生产率变迁完全不同的图景：人类从原始社会到农耕社会、工业社会，再到当代，暴力频率和暴力死亡率都大幅下降，文明一直在渐渐战胜野蛮。……从战争死亡率看，原始社会时期，一年里每 10 万人中大约有 524 人死于战争；到 16 世纪，这一数据降到 250 人；到 20 世纪，下降到 60 人；而到 21 世纪的前 8 年，更是降至 0.3 人。也就是说，从原始社会到今天，战争死亡率下降了 99.94%！”[①]——人性中的善良“天使”，战胜人性中的暗黑“撒旦”，才有了今天人类的文明进步。善恶二元论决定了人类对战争的嗜好是天性中杀戮本能的体现，也决定了人类对真善美的追求是天性中善良本性的体现；而本性最终能够战胜本能，这就是人类的教化之功。这种相反相成、二律背反构成人性的复杂性和丰富性，正像白天与黑夜构成完整的一天那样。

① 陈志武．文明的逻辑：人类与风险的博弈［M］．北京：中信出版集团，2022.

● “在人类文明化历程中，从迷信的创立到仪式、礼节、婚约、家庭、宗族、族谱、宗祠、灵牌的发明，到宗教、教义、教规、礼拜、祷告的推出，到立法、司法、行政之国家体系的建立，再到保险、股票、债券、基金的发明，无不围绕规则和秩序，或为加强人际跨期互信与合作。我们会看到，虽然许多创举并不能提高生产率，但却改善了规则和秩序（law and order），提升了人类跟风险博弈的胜算概率。可以说，在人类历史上，尤其在工业革命之前，是风险催生了文明，如果没有风险挑战，人类可能缺乏压力去创新以建立合作秩序、提升大家的风险应对力，也就难有文明化发展。”[①]——人性中有争斗本能的一面，但人没有沦为两脚走兽，端赖人性中善良本性对兽性的控制，人类用风俗习惯、法律规则、伦理道德、终极信仰取代了丛林法则；人性中有善良本性的一面，但人也要靠有序竞争不断推动文明发展进步，这样才能在克服灾难、减少风险中逐步前进。

师：人类在各种各样的天灾人祸面前，既体会到宇宙的变幻莫测、生命的脆弱渺小，也认识到唯有依靠真善美去战胜假恶丑，唯有不断认识外宇宙、内宇宙以及生命的奥秘，唯有不断寻找消灾度厄的方法，唯有依靠人类生生不息的生命本能和强大的意志力，才有可能克服灾难，减轻苦难。

① 陈志武．文明的逻辑：人类与风险的博弈［M］．北京：中信出版集团，2022.

制服冲动这头“魔兽”

一、案例分析

L同学是一个颇有主见的高三学生，喜欢给老师提意见；喜欢阅读，对科学家的生平比较了解；整体成绩不错，特别喜欢物理，有几次物理考试还得到满分。高一时，L担任过物理课代表，但做起事情来大大咧咧，收作业时拖拉，不能及时将老师改完的作业拿回发给同学。我作为班主任多次建议他做事精细点，比如收发作业及时一点，与学习小组长打交道时更耐心点，多和任课老师沟通，这样才能更好地为同学和老师服务，也能提高自己的交流能力和工作能力。但他不大听得进我的意见。后来我建议他辞职，他就接受了。高二下学期，我说做班干部最好体现能上能下、能大能小的原则，希望L同学能做学习小组长。他愉快地答应了。

一次，我指定L同学所在的小组回答一组问题，由小组长选定小组成员回答。L同学回答过一个问题后，就轮到其他成员相继回答问题。但轮到W同学时，该同学却磨磨蹭蹭，不愿站起来。我说了一句“稍微利索一点吧”，L 同学这个时候显得极其冲动，竟然用双手捶起桌子来。我提醒他冷静点，他却再次捶起桌子，并责怪 W 同学让他们这个小组丢脸，同时高声为自己辩解。于是我要求他走出教室，清醒一下。L 同学走出教室，站在走廊里反思。下课后，我与他沟通，问他为什么发那么大的火，是不是对我有意见；就算有意见，也不应该用这种方式来表达。L 同学显得很委屈，说并不是冲着我发脾气，而是对磨蹭、不愿回答问题的 W 同学有意见，怪 W 同学不该这么丢学习小组的脸，显得学习小组很没有实力，很不团结似的，让他很没有面子。他反复辩称，无意破坏课堂秩序，更无意针对老师和其他同学。我提醒他，爱惜本组在全班的形象没有错，有集体荣誉感是件好事，但做好事还必须有正确的方法，错误的方法不可能得到正确的结果。我又告诉他：主观愿望和客观效果并不一致，不能说你只是在冲着 W 同学发脾气，事实上你已经是在破坏秩序，藐视老师和同学；就算 W 同学不对，但你用错误的方式去纠正错误可以达到目的吗？几个回合的沟通之后，L 同学眼里泛着泪光，说自己做错事还不知道，确实太不应该；当时捶桌子，只觉得一股怒气直冲脑门，以为只是针对磨蹭的 W 同学，以为是一件小事，做出来都不晓得后果有多严重……

二、班会活动

先哲说，不经过反思的人生是不值得过的人生。我们要学会反思自己和他人的过错，这样才能吃一堑长一智。上述事件一直让我难以释怀。在经过精心准备后，我们班开展了一次关于“情绪控制”的班会活动，探讨主观愿望与客观事实的差别，探讨正确的手段与正确的目的之间的关联以及与他人沟通和交流的重要性，重点探讨控制冲动。

L 同学首先发言，回顾了自己当时的心路历程：

其实我并非一个坏脾气的人，相反我是一个很好相处的人，很少对人发脾气。无论是在以前的同学那里，还是在现在的同学这里，我都有口皆碑。12 岁至 14 岁那几年里，我的性格发生过极大的改变。12 岁之前，自我中心主义影响着我的性格，导致我做事不顾后果，稍有不顺心意的事便大发雷霆，因此也没有什么关系近的玩伴。12岁之后我交到了一个要好的朋友,但由于弄坏了他的一件意义非常、在我看来毫无意义的东西后，我们发生了口角。我认为我俩关系这么要好，弄坏一件旧东西有必要发这么大脾气吗？故而在接下来的两个月中，我们一直处于冷战状态。在这两个月中，刚开始我还觉得有点恼怒，接着便有点伤心，然后就觉得十分孤独，最后我妥协了。经过一个星期的“情感攻势”（请吃糖、请喝水、帮扫地），最终，我俩和好如初。了解到那件旧东西对他的特殊意义后，我顿时十分羞愧，并为此给自己定下了一条准则：弄坏别人的东西理应道歉、赔偿，尽最大可能去弥补，就算关系再亲密也没有什么是理所应当的。

从这件事后，每当有事情触动我并让我觉得必须怎样做时，我就会给自己立下一条准则，固执的我从不违背自己定下的准则。几年来，我共给自己立下 6 条准则。在这几年中，我共发了 6 次脾气，每次都符合自己定下的准则：

1. 若有人随意损坏自己的东西，不管是有意，还是无意，都应该道歉。如果对方不仅不做解释反而自觉理所应当，允许自己发脾气。若这件事发生在别人身上，对于这种自觉理所应当的人应敬而远之。

2. 若发生矛盾，对方恶语相向，应主动避让，避免矛盾激化。若对方辱及亲人，自己一定不能退缩，退缩不亚于承认这种侮辱。

3. 若承受了无来由的责备，或者被当作迁怒对象时一定要还击。

谁也不能没有理由就责怪他人，自己也不是受气包。

4. 对于暗地里散播谣言恶意中伤自己的人决不能有丝毫容忍，谣言传多了就成了真相，就算辩解也会变成抵赖。好名声来之不易。

5. 对于不明事情原委，只听只言片语就胡乱做评论，指手画脚，把自己的动机意图强加在别人身上的人，决不能容忍，谁也没有当事人更具发言权。

6. 对于许下承诺而不遵守，玩弄自己的人决不容忍。

这 6 条是我非常珍视的人生准则。一个正常的人，一般是能够掌控自己情绪的；然而每个人的情绪都有“阀门”，一旦有人打开了“阀门”，情绪便会不受控制。我之所以会发脾气，主要是因为 W 同学触及了第 3 条和第 6 条。我认为自己已经尽了自己的职责，分配好题目，而且回答哪一题都是他们自己挑选的。

事后，我从 W 同学那里了解到，他当时正准备把书从抽屉里拿出来，并且忘了这个任务。对于这件事，他觉得十分抱歉。后来我也向他解释了，他也没放在心上。我总是觉得在违背原则的事情上保持沉默就是懦夫，在别人触碰自己的原则时，没必要先斟酌其中的利害关系再去表达情绪。所以我一直认为做人要做一个好脾气的人，但不要太好。

接下来是“磨磨蹭蹭”的 W 同学的发言：

我磨蹭的确不好，主要是我没有做准备，辜负了大家的期待，我表示歉意。但我犯错之后，L 同学用错误的方式来应对，错错相报何时了？用错误来制止错误，错误有可能终止吗？错误的方法和程序有可能获得正确的结果吗？“程序正义与目的正义同时兼备”难道是一句空话吗？而且俗话说，“蔫人出豹子”。一些校园欺凌事件引发恶性案件，往往就是发端于一些小事。我不是危言耸听，只是想提醒各位同学，即使自己有道理，也要注意说话做事的分寸，得饶人处且饶人。这样做既有现实意义，给我们营造良好的人际关系，又具有终极意义，体现程序正义与目的正义兼具的价值观。

W 同学的道歉和分析获得同学们的掌声，L 同学也鼓掌并向他表示歉意，双方脸上都洋溢着真诚的微笑，这一幕再次激起同学们的掌声。

另一个学习小组的 X 同学针对 L 同学发脾气的准则做了如下评论：

我认同 L 同学所说的“若对方辱及亲人，自己一定不能退缩”这条准则。其他准则我不敢苟同，因为有些因素是不好简单判断的，需要一定的时间去进行评判，比如“对于许下承诺而不遵守，玩弄自己的人决不容忍”，应该在听取对方解释之后才能做出判断，毕竟我们的认知能力和判断能力是有限的，情感爆发的方式和时间更应该受到理性的约束和限制。不妨用一个比喻来说明这个道理：如果说情感是一江春水，那么理性和道德应该就是约束汪洋恣肆的春水的堤坝；当且仅当春水在堤坝内流淌，才有可能一江春水向东流。这就意味着，当且仅当情感受到理性和道德的约束，才有可能是正确、得体的表达和宣泄。因此我想说，我们要学会用理性和道德驾驭情感，特别是对血气方刚的高中生来说，这更具有现实性和紧迫性。

X 同学一向以深入思考而见长，这番言论博得同学们的掌声是理所当然的。L 同学则表示希望以后单独与 X 同学进行探讨，X 同学愉快地答应了。

语文课代表 C 同学从文学的角度，列举了文学作品中的发飙、愤怒以及情感爆发和控制：阿喀琉斯因朋友之死而愤怒不已，击杀赫克托耳；俄狄浦斯因弑父娶母而悲愤莫名，刺瞎自己的双目；鲁侍萍积聚了几十年的苦楚，化为“我要说，我要说”的悲愤控诉；巴金把家长制造成的悲剧化为《家》《春》《秋》；巴尔扎克塑造葛朗台太太这个形象，高度礼赞隐忍、谦卑的性格。

最后，班会主持人还总结道：“现在我们作为学生，即使是第一百次犯错，家长、老师和同学也准备第一百零一次给予我们宽容和原谅。今后升入大学、走上社会，我们会和更多的人打交道，会有更多的事情考验我们控制冲动的能力。愿我们克制内心的冲动，以‘道高一丈’来战胜‘魔高一尺’，真正掌握自己的命运。”

三、会后总结

会后，全班同学搜集和整理了一些资料，为这次班会活动画上了句号。

1. 什么是冲动

美国心理学家玛希雅·休斯等人认为：“冲动是指迫使动作发生的推动力，不受逻辑和理性的控制，源于个体持久而强烈的潜意识。冲动随着强烈的紧迫感而变化，并因心理或生理因素的影响而激化。冲动对个体有利也有弊。我们必须关注生命中显而易见的结果和影响，从而决定应当在何种程度上控制自己的冲动。”

2. 什么是冲动控制

英国心理学家莱恩这样描述冲动控制：“不采取为获得暂时快感而造成潜在的长期的不良影响的某种行动。要想做到不意气用事，必须在发生冲动之举之前，在思维中再现该行为对未来造成的后果。因此，冲动控制包括识别最初的行为趋向，预见行动产生的负面后果。因此，冲动控制还包括控制行动趋向。”

以色列著名心理学家巴昂对冲动控制给出这样的定义：“能够抵制或拖延一种冲动、内驱力或行动倾向。它包括能够忍受一个人的进攻性冲动，控制侵犯、敌对和不负责任的行为。缺乏冲动控制能力则体现在挫折忍受力低、行事鲁莽、缺乏愤怒控制能力、出言不逊、失控、脾气火暴、做出反常行为。”

3. 关于控制冲动的箴言警句及名人故事

（1）三思而后行。

（2）勿逞匹夫之勇。

（3）1（提醒自己一声“要镇静不要冲动”）+3（深呼吸三次）+10（从1数到10）= 镇静。

（4）片刻的情绪性的发泄可能会带来无法修复的长期的恶果。

（5）紧开口，慢开言。说话一定要经过大脑，而不是头脑发热就信口开河。

（6）谈话时，要考虑别人的感受，让别人表达完整的想法，而不是顺着自己的思路一说到底。

（7）林则徐书写“制怒”条幅，提醒自己控制情绪。

（8）莎士比亚的著名悲剧《李尔王》，形象地展示了冲动行为产生的负面影响。

完整的教育造就完整的人

2014 年 3 月底，项同学参加上海交通大学自主招生面试归来，饶有兴致地与我们分享这样一道题：估计一下你所在的城市有多少个加油站，其中城区有多少个、乡镇有多少个。项同学是这样回答的：我家和学校都在西城区，据我观察，西城区大概有 5 个加油站，不妨假设东城区也有 5 个加油站，那么城区大概有 10 个加油站；我所知道的乡镇大概有六七个（其实应该是 21 个），假设每个乡镇有 1 个加油站，那么我们市大概有 20 个加油站。当然，上网检索可发现，该市加油站有 89 个。虽然项同学估计的数字与网络搜索结果有较大出入，但上海交通大学出这个题的主要意图不在于答案多么准确无误，而在于考查学生了解环境、观察生活和估计推算的能力，就像一道面试题“估计一个鸡蛋有多少克”，考的是学生在感性与理性、生活与书本、学校与社会、家庭与自我之间的转换能力。

自主招生考试以其自主性特点，在较大程度上突破高考题目的高度模式化、情境单一化等，更能体现大学招生创新、求变的要求，也能较好地体现“完整的教育造就完整的人”的宗旨。而教育评价与考试制度的改革，也将最大限度地体现这一宗旨。那么，“完整的教育”包括哪些方面？“完整的人”又意味着什么？

就像一座房子必须有四面墙壁和屋顶才能遮风挡雨一样，一个人要在精神上站立起来，成为一个神完气足的完整的人，就必须享有完整的教育。完整的教育由家庭教育、社会教育、学校教育、自我教育四个部分组成。上海交通大学所出的加油站数量猜想题，能较好地凸显完整教育的四个方面：父母与小孩经常走走亲戚，回老家看看，小孩可以了解风俗人情、乡土地理，学会与不同职业、不同年龄的人交谈，观察周边环境，是为家庭教育与社会教育的融合；形成猜想、推理、求证等能力，是为学校教育；留心生活的方方面面，提高自我省察、自我反思的能力，是为自我教育。

然而，当下部分家长在两个极端之间摇摆不定，把溺爱当成关爱，把纵容当作宽容，把放任自流当作自由发展，把肆无忌惮当作个性十足，把严苛当作严格，把上各种兴趣班当作全面发展，把分数当作教育的全部意义，把学校、老师当作工业生产线或是万应灵丹。毫无疑问，这些做法是不符合家庭教育要义的。父母对子女教育的意义，向来被文化传统所看重：称赞一个人有教养，我们往往说这个人家教不错；批评一个人行为放肆，我们往往说这个人家风不严。正是在这个意义上，我们说父母是孩子的第一任老师。父母如果准备做一个负责任的第一任老师，最好能穿越回婴儿时期，与孩子再次经历一次心灵成长的历程。父母最好能重新审视那些习以为常的育儿经，学习进步价值观，既负起第一任老师的教化、引导、育成的责任，又能身体力行地践履进步价值观。

完整教育的四个方面缺一不可，套用一个经常用到的不等式来说，那就是 4-1 ＜ 3。形成合力才会出现理想状态，才有可能造就完整的人。

德国哲学家舍勒指出，完整的人是指具有生命冲动和精神实质双重结构，不断实现“生命精神化”和“精神生命化”的人。这个界定强调人的完整性主要体现为生命冲动、生命意识、精神活动、精神实质，特别是生物学意义上的生命与精神意义上的生命的相互融合，亦即灵与肉的密不可分。舍勒的这一论断有助于我们理解完整的人与全面发展、全科发展、文理兼修、百科全书式发展、充分而自由的发展等相关问题的关系。

全面发展并不等于全科发展、文理兼修、百科全书式发展。全面发展的核心在于提供多种可能性，给予受教育者更多的选择空间和选择机会，促使其找到适合自己天分和禀赋的兴趣空间和发展机遇，努力创造条件，让牛顿成长为牛顿、贝多芬成长为贝多芬、达利成长为达利、莫奈成长为莫奈、梭罗成长为梭罗、钱锺书成长为钱锺书……要而言之，全面发展意味着“个人的体力和智慧得到多方面的、充分的和自由的发展”以及“一个人自身所蕴含的全部发展可能性或潜能的全部发展”。[①] 虽然百科全书式发展十分令人向往，但毕竟亚里士多德、达·芬奇、帕斯卡尔、徐光启、陈寅恪等是可遇而不可求的人类智慧的里程碑，是钟灵毓秀、人类教化、文明演进的先导者。

加德纳的多元智能理论认为，人类的智能（包含智力）是由3类本体智能（听觉—节奏，视觉—空间，动觉—操作）、2类工具智能（言语—语言，数学—逻辑）、3类对象智能（交流—交际，自知—自省，感知—探知）、1类元智能（元知—存在）等共同构成，形成一个多元多层多维的“四维立体”网络结构。需要澄清的是，不是所有人都具备这里所说的多元智能，但有些智能（比如言语—语言智能、元知—存在智能）却是人之所以为人的共同因素，是达成共识、形成底线的最大公约数。人与生俱来的这些智

① 李希贵．全面发展不等于全科发展［N］．中国教育报，2014-03-17.

能使完整的教育成为可能，也让完整的人能够开出自由而充分、丰富而多元的智慧之花。

完整的教育造就完整的人，并不只以培养精英为目标，更以造就现代社会的公民为目标。一个生态平衡的森林，既要有高耸入云的云杉、高大挺拔的橡树、岁寒不凋的松树，也要有耐寒耐旱的沙柳、艳丽多刺的玫瑰、生命力旺盛的荆棘，还要有柔弱袅娜的君子兰、亭亭净植的荷花、野火烧不尽的野草。一个发育充分的社会，既需要学有所成的屠呦呦，更需要千千万万身心健康、心智发育正常、富有责任感、推动社会进步、普通而平凡的你我他。愿我们的教育秉持“化民成俗，其必由学乎”的执着理念，让每一个人得到充分而自由的发展。

把非教育拉到正道上来

——杨林柯《与教育拔河》阅读札记

一、杨林柯其人

我结识志趣相投的朋友的方式，通常是“未见其人，先闻其声”，在网络上相互读文、相互了解、相互仰慕之后，互加好友，彼此道过“久仰久仰”，之后不断交流，如果机缘巧合，就有可能在现实生活中聚会晤谈，分别之后仍然为对方写出好文击节叹赏，转发推送。

但我认识杨林柯老师，不是先网络再现实，而是直接面对面地见到真人。那是2013年5月下旬，傅国涌先生主编的“回望民国教育”系列图书由清华大学出版社出版，在浙江省苍南中学举行首发式，还有一场民国教育研讨会。在蔡朝阳、殷国雄的介绍下，我与杨林柯确认过眼神之后，听他谈自己的一些见闻和看法，感觉此人面容和善，特别能说，既有关中大汉的率直之气，又有文化古城人的古道热肠。一个有意思的细节是，我向他打听我所仰慕的狄马，他说他与狄马是好友，并马上介绍我与狄马互加好友。后来，狄马把自己的两本随笔集托我在西安的学生别永超送给我。还是在 2013 年，傅国涌把我介绍给有意发起语文教材观察活动的《名作欣赏》副主编孙明亮。2014 年 1 月开始，我担任《名作欣赏》“美国语文观察”“民国语文观察”等板块的学术主持人，邀请到冉云飞、狄马、蔡朝阳、周迪谦、李华平等人参与其事。杨林柯是这次语文教材观察活动的得力干将，他写了两篇：一篇是极具宏观意识的《〈美国语文〉中的宗教、神话与道德》（《名作欣赏》2014 年第 4 期），另一篇是具体扎实的《语文可以如此丰富而美好——说说〈美国语文〉的课后练习设计》（《名作欣赏》2014 年第 5 期）。

再次见到杨林柯是在 2017 年 7 月。在杨林柯和陕西师范大学杨远征老师的安排下，我到陕西师范大学文学院研究生班去做一个讲座，有幸结识杨远征、田刚、孔令元等诸位好友。当天下午的席间，一干人“月旦人物”，妙语连珠。杨林柯全程陪同我，逛大雁塔、小雁塔、兵马俑、华清池，吃烧烤、岐山臊子面、羊肉泡馍，喝啤酒，真是不亦乐乎。晤知己畅谈纵论，享美食遍览古迹，做讲座传播理念，实为人生快事。

杨林柯是一个热爱生活的人，喜欢结交朋友，尤其愿意与年轻同事来往；假期总要呼朋引伴，以自驾游的方式行走于三山五岳，而且不忘寻新朋、访旧友。2019 年暑假他和一群朋友出国游，着实让我羡慕了好多天。

当然，杨林柯给我留下的更深刻印象是他对教育的执着和痴迷、坚守和不舍。无论是在现实生活中还是网络世界里，每每打开话匣子，他说得最多的还是教育。他有好几次说起，当一些教育方面的新闻刚刚被报道的时候，他往往觉得不吐不快，第一时间就要发声，于是就抓住碎片化时间，用“一指禅”功夫，在手机上一个字一个字“戳”出来。我常感叹于他写作之勤，他回答我说：“我一篇文章‘戳’下来，真的是头昏眼花。”这让我想起李贺写诗呕心沥血的典故。

二、宏观视野

真正的智慧应该是能解决现实问题的能力，空对空地谈禅论道只是“屠龙之技”。杨林柯保有对教育现状始终如一的关怀，对教育现象的分析和犀利解剖，对学生被逼向反教育歧路上的痛心疾首，对教师违背教育规律的殷勤规劝。这在《与教育拔河》中多有体现。在《再议“衡水模式”》一文中，他理直气壮地写道：“‘衡水模式’对‘出人头地’的‘应试文化’和功利教育的进一步强化是对教育本质的扭曲，也是对教育生态的破坏，引发教育内部的持续紧张，和国家教育均衡的策略也是相悖的。”

杨林柯有意识地用人类文明的优秀成果武装自己的大脑，并以此作为自己观照现实和教育活动的依据和指南。对一些似是而非的伪学术、伪科学、伪教育的东西，对经过乔装打扮之后蛊惑人心，颇能俘获一些缺乏真正认知的人，杨林柯不厌其烦，反复言说，“一篇之中，三致志焉”，试图提醒人们找回常识、走回正道，祛除所谓速成良方的魅惑。他有对以真求道、以善养气、以美修身的笃定信仰，有对进步价值观的不变信念，有对教育形塑国民人格、开启智慧的执念。另外，他唾弃虚头巴脑的假话教育，呼吁师生从讲真话开始回归本真（《教育不能鼓励孩子撒谎》）；他提醒同行千万不要“傻教”与“教傻”，呼唤同行以一颗柔软的心尊重学生（《“傻教”与“教傻”》）；他反思监护人教育的重大缺失，抛弃以“爱”的名义对孩子进行身心控制的自私的家庭教育模式（《监护人教育的重大缺失》）；他告诫人们看清方向的重要性，不要陷入知识崇拜的泥淖——“一个敬天爱人的谦卑农夫，远胜一个骄傲自大、冷漠处世而执意研究‘天道’的哲人”（《过度求知可能是某种愚蠢》）。温和、耐心、坚定的言说姿态，不懈地申说常识，是杨林柯惯有的文风和为人处世之道。

像哈勃空间望远镜观察宇宙那样，杨林柯用“跳出三界外，不在五行中”的视角，观察与教育相关的政治、经济、文化、风俗等领域，更能见出教育亟须回到常态的紧迫性——此之谓宏观视野。

三、中观剖析

杨林柯与我交谈的时候，对自己在读高中、大学时就发表文章津津乐道，并回忆起他母亲不同一般的表达力对他形成语言能力的影响，因此他认为言说之道有大道存焉。这是他考入陕西师范大学之后执意调换到汉语言文学专业的原因，也是他高度认可海德格尔所说“语言是存在之家”的原因。他认为教育是“让人成为人的事业”，自然语文也应该成为“立人的语文”；只有道术并重才能找到语文的出路（《背离教育的语文教学是没有出路的》）。在中小学教师群体中，语文教师可能是出书、写文章较多的一个群体。在目前这种状态下，写文章几乎没有什么功利可言，还能坚持的人应该说是真心喜欢写作。形成这一现象的原因，可能主要是这些坚持写作的语文教师能够走出自发、自为的状态，有一种自觉、自省的意识，有一种试图描述现象、反思原因、寻找解决之道的言语自觉。在杨林柯的文章中，我可以清晰地看到喷薄而出的言语意识流所体现出来的自我意识、忧患意识、问题意识、寻求解决问题之道的意识。其实，以言语作为生存之根、生活之源、存在之本的教师群体，理所当然地应该从自发、自为的此岸过渡到自觉、自省的彼岸，这样才不辜负承担起以人类文明的优秀成果武装自己和学生大脑的神圣使命。遗憾的是，应然与实然之间总是有着遥不可测的距离，某些教师自动把自己最应该珍惜的思考权利和言说权利让位给教参、教辅资料，让位给现实的各种利益，放弃了自己作为思考者、批评者的权利。

充当文明火炬的接力者，以言语作为自己行动的依据，是教师真正体现自己尊严的唯一方式。唯其如此，教师才能保有职业生活、专业存在的现实意义和终极追求。对此，杨林柯有清醒的认识和看法：“文章本来是展示自己的一种方式。通过文章，读者可以了解作者，看到作者的人格、尊严、情怀、良知。文章是一个人真实自我的有机组成部分，它传达一个人内在的声音，也是实现社会价值的一种方式。”（《写作连接着生命的健康》）他对文化遗产有如下看法：“它让你接受多种思想，因为只有一种思想，人就不可能进步。……就此而言，读书让你的生命实现了更多可能性。”（《读书三题》）由此可以看到杨林柯清醒的批评和质疑精神，了解到他把“尽信书则不如无书”的古训当作我们传承文化遗产的参照坐标。

关注教育现象，谙熟教育原理，分析教育乱象，更能见出教育亟须自我更新的必要性——此之谓中观剖析。

四、微观调适

道术并重意味着对“有方法的思想，有思想的方法”的认同。古人有言：“工欲善其事，必先利其器。”只有有了好的方法和工具，才能达成最终目的。我们既要认识到工具、方法的重要，更要明确前进的方向、努力的目标；既要防止过分迷恋工具和方法所导致的工具崇拜论、方法崇拜论，又要防止大而无当、凌空蹈虚。

杨林柯在《无道可传，何以为师？》中写道：“真正的‘道’本身就是真理，就是生命，就是永恒……真正的‘道’就是这个宇宙间的主体，人类只是客体，世间的一切都来自这个‘道’。”显然，他是在本体论的层面上探讨“道”的。在他眼里，“道”是万因之因，是第一推动力，具有极为强烈的终极意义的色彩。同时他也认为：“教师是一个知者，更应该是一个行者。回到我开头的话题上，教师的根本任务就是传道，知识背后是‘道’。道，就是道路、方法，是力量，也是方向。”这里，杨林柯对传统意义上的“传道”进行了新的拓展，使之上升到宇宙论、本体论的高度，从而具有了形而上的色彩。不过，在此我想与杨林柯商榷的是，最好把“道”与“术”分开来谈，这样才不至于混淆工具与方法、终点与目的。

确立进步价值观，寻找先进方法论，尊重常情、常理、常识，更能见出教师亟须回归本我的重要性——此之谓微观调适。

如果教育既没有科学性可言，也没有艺术性可言，而是沦为名利场，被功利性、短视性所裹挟，学生、家长、教师、学校管理者深陷其中而不能自拔，那么教育的神圣性、理想性势必渐行渐远，教育作为一种必要的乌托邦将完全失去可能性，教育作为促进公平、传承文明、启迪民智、增进智慧的终极功能将日渐丧失。要想改变教育的现状，就需要越来越多的人像杨林柯一样，更新认识，亲身践行，不断鼓呼，把非教育拉到正道上来。

家庭教育为何演变成“教育战争”

2018年，网上的一则新闻引起人们的热议：犯罪嫌疑人罗某因周末校外补课与父亲罗某光发生争执，遭到罗某光打骂。随后，罗某光因子女教育问题殴打妻子曾某春。犯罪嫌疑人罗某见状情绪失控，持家中水果刀将罗某光刺伤。罗某光被送到医院后，抢救无效死亡。

从这一极端案例到网络上流传的一些关于家庭教育的段子——“不写作业，母慈子孝，连搂带抱！一写作业，鸡飞狗跳，呜嗷喊叫”，我们看到家庭教育演变成不同程度的“教育战争”，“狼爸虎妈”等令人毛骨悚然的说法，也在指陈一个事实：家庭教育日渐成为一场看不见硝烟的家庭战争。

2014年4月23日的《中国教育报》有一则报道——《父女间的“教育战争”》，看上去有些耸人听闻，实则是今天千千万万个家庭的教育状况的真实描述：父亲苏某彬与女儿苏某梅一同学习、高考、读大学，12年陪读“管教”，12年冲突不断。这场“战争”把血缘的纽带、人性的温馨、家庭的和睦、教育的真谛，驱赶到荒凉的沙漠、黑暗的深渊，背离了人类的感性、知性、理性、德性、灵性和神性。家长们似乎被一种魔念所控制，都想自己的孩子速成为名牌大学的学生，一夜之间就成为商界精英、政界骄子。他们急不可耐地念叨着坊间热捧的成功学，一定要孩子承载父母、祖父母、外祖父母的希望，完成几代人未竟的理想。正如那篇报道里所说的，苏某彬高中毕业时，差 10 多分没能考上大学，他将全部希望都寄托在女儿身上，女儿成为他圆大学梦想的“埋单者”。“一定要上大学！”这是他给女儿的规划。苏某彬的想法里面有个常见的说法，那就是“望女成凤”。其实，成龙、成凤是一件可望而不可即的事，是一件不能强求的事。与其奢求成龙、成凤，不如寄希望于成人，成为一个健康快乐、心智发育正常的公民。

在一些家长的潜意识和显意识里，孩子是自己的私人财产、血脉延续，是没有自主选择权利的被动者，是只能被设计的图纸，是大人炫耀的话题，是光宗耀祖的工具。而现代教育观认为，父母和孩子之间应具有平等的地位，父母应尊重孩子的人格，父母应尊重教育规律并给予孩子充分而自由的受教育权利。这些具有现代平等意识的进步价值观，在某些家长的眼里，显得那样迂腐不堪、不切实际，也就无怪乎有这样的惨剧发生了：2014 年 10 月 7 日，黄女士为防止 9 岁的儿子离家出走，将孩子用铁链绑住后带回家。先哲康德认为：“你的行动，要把你本己中的人和其他本己中的人，在任何时候都同样看作目的，永远不能只看作手段。”简而言之，亦即“人就是人，而不是达到任何目的的工具”。从孩子呱呱坠地的那一刻算起，他就是一个有着独立人格和意志的个体。虽然父母赋予孩子生命，但造物主却赋予孩子灵气。父母不是孩子的主宰者，家庭教育也不是命令与服从的代名词。

如果说抽象的哲理令人感到枯燥，那么不妨看看平等的生活细节：一些政治人物在与孩子对话时，常常用蹲下或跪下的姿态；在电影电视里，成人蹲下与孩子对话，是一种再正常不过的生活常态。在这一姿态背后，隐含着成人应该用平视而不是俯视的眼光和心态去看待孩子，隐含着成人不应该利用自己的身高、知识、地位等先天性优势，去展示权力和威风。“苏某彬将权力一一收回”“苏某梅的生活完全被父亲控制”，这些与平等背道而驰的做法导致的恶果是，苏某梅对兴趣和爱好的感情变淡，失去精神依托之后变得叛逆，并用叛逆来报复父亲。

《父女间的“教育战争”》这篇报道里还有一个令人深思的细节：为了“镇住”苏某梅，苏某彬专门学习了双节棍。“这孩子从小身体素质好，力气很大。我要她听话，首先要在武力上胜过她。尽管很少打她，但至少让她知道不能和爸爸硬碰硬。”这里实际上暴露出家庭暴力的魔影笼罩在苏氏父女的头上。家庭暴力有语言暴力、肢体暴力、情感暴力等。报道里显示出来的暴力倾向似乎兼具以上几种成分。在传统的家庭教育观里，暴力似乎是题中应有之义：不打不成人，打了成高人。事实上，这种说法和做法把惩戒性教育简单粗暴地理解为暴力惩罚。的确，教育包含惩戒，但惩戒不等于暴力，更不是以上三种暴力的总和。

苏氏父女之间的“教育战争”还引发人们思考如下问题：父母是否应该给孩子一定的空间？应该给孩子多大的空间？父母如果以一种得当的方式爱自己的孩子，那就应该给你爱的人以自由，给你爱的人以空间，给你爱的人以信任，给你爱的人以宽容。家庭教育是一门科学，也是一门艺术；家庭教育以爱为起点，也以爱为终点；家庭教育以爱为手段，也以爱为目的；家庭教育以爱为过程，也以爱为结果。“爱”不是溺爱宠爱，不是放任自流，不是求全责备，不是借爱之名而行害之实。既然真爱孩子，父母就应该学习教育规律，尊重教育规律，注重教育方法，而不应该为了一己之私，肆意剥夺孩子的生长空间、隐私空间、情感空间，而且往往还喜欢说“这都是为了你好”，以目的的正确来掩盖不择手段的错误。殊不知，只有在时间正确、地点正确、手段正确、目的正确同时具备的情况下，才有最终的正义和公平。难以想象：父母像笼养金丝雀一样禁锢孩子的空间，像驯服鹰隼一样剥夺孩子的空间，像种植豆芽菜一样扭曲孩子的空间，却把这些当作得当的、负责任的爱。这些做法的背后，隐藏着父母专制人格的一面。

一些家长可能对教育的方法不以为意：不就是“严是爱，松是害”吗？不就是无微不至的关怀吗？不就是“孟母三迁”吗？不就是“棍棒底下出孝子”吗？不就是管吃、管喝、管住吗？种种片面的理解不一而足。长期以来，我们的思维习惯和行为习惯都是重结果、轻方法，重目的、轻程序，于是就有了这样的说法：“不管我的教育方式怎么样，但起码收到了效果，孩子上了大学，已经爱学习了，脸上的笑容也多了。”“只要孩子好，我做什么都愿意。”当然，真正的家庭教育绝没有这样简单。试想：一个人以爱惜树苗为借口，成天抚摸树叶、树干，成天浇水、施肥，成天担心树苗遭到风吹雨打、霜冻雪压、电闪雷鸣，那树苗还有成长空间和机会吗？

让我们记住苏霍姆林斯基关于孩子成长空间的名言：“只有当孩子每天能按自己的愿望随意使用不少于 5～7 个小时的空余时间，才有可能培养出聪明的、全面发展的人来。离开这一点去谈论全面发展，谈论培养素质、爱好和天赋才能，只不过是一些空话而已。”焦虑、惶恐、就业压力，不应该成为家长剥夺孩子自由成长的时间和空间的理由，不应该成为家长把孩子当成有无限容量的硬盘的理由，不应该成为家长把孩子当成各种补习和培训的被动接受者的理由，不应该成为把学生当成“刷题”机器的理由。

教育写作：澡雪精神、表里澄澈的需要

我十分看重完整的教育体系、教学方法，并把完整的教育当作我的追求。百科全书式的知识结构和教学方式，一直是我向往的境界。心理学家加德纳的多元智能理论给我提供了理论依据，现实生活对人的全面要求给我提供了具体目标。读书、教书、写书，向百科全书式的完整的人这个方向去努力，这就是我对教育的理解，对读书、写文的理解。

20世纪60年代出生的我，成长背景和精神发育的过程大致是这样的：没有课本就学习报纸上的社论和新闻，跟着哥哥去看《红灯记》《沙家浜》《智取威虎山》《杜鹃山》《海港》《决裂》《南征北战》《奇袭白虎团》等电影或演出，再就是看连环画——为了看连环画，帮同学写作业、扫地。我父亲1975年开始在村里的小学当民办教师，于是我就可以借阅学校订阅的《人民文学》《解放军文艺》等杂志——以我当时的理解能力，读起来肯定是似懂非懂。还有一个场景让我记忆深刻：父亲得到了一位返城知青赠送的《陈毅诗词选集》，于是在阴雨连绵的冬天，父亲、我哥和我偎在床上，朗读“天将午，饥肠响如鼓。粮食封锁已三月，囊中存米清可数。野菜和水煮”“敌人找我偏不打，他不防备我偏来。乖乖听安排”的词句——这是我对少年时期贫穷寒冬的温馨回忆。后来读初中，我也是近乎死乞白赖地找同学借书看：《贼狼滩》《西游记》《水浒传》《三国演义》……再就是到镇上的文化站借书看：《红岩》《苦菜花》《野火春风斗古城》……再后来我从初中考上中等师范学校（简称中师），学校图书馆的藏书明显丰富起来，借书也就更频繁：《红楼梦》《红楼梦考证》《静静的顿河》《安娜·卡列尼娜》《复活》……还记得当时我特别迷王蒙，他的意识流手法让我着迷。印象很深的是，我委托在上海读书的同村好友，从上海买来四卷本《王蒙选集》。想来当时我应该是想方设法从每月 15.5 元的生活费里挤出钱来买书的。接触到意识流手法之后，我就把兴趣转到文艺思潮、哲学思想方面，这可以看成是“文青”的一种转型。1985 年夏天我中师毕业的时候，与一位同学邮购《萨特文集》《梦的解析》；到武汉配眼镜的时候，在同学的帮助下买到袁可嘉主编的《外国现代派作品选》；后来参加工作后就订阅《当代文艺思潮》《小说评论》等刊物，阅读面逐渐向思辨方向拓展。这种博览群书的阅读兴趣保持到现在，就更加宽泛了。但我觉得最能给我漫无边际的阅读确定坐标系的是这四部书：侯外庐、赵纪彬、杜国庠著的《中国思想通史》，让我对中国思想脉络有了总体和个别的了解；刘泽华著的《中国的王权主义》，让我提纲挈领地认识到中国传统文化中的王权主义，以及洞幽烛微的批判精神、质疑问难的思维方式；全增嘏主编的《西方哲学史》，让我对西方哲学思想有了整体与局部的了解；何兆武、柳卸林主编的《中国印象》，让我对具备最高认知能力的人如何认识并判断中国思想有了基本的印象，同时让我学会了比较阅读、换位思考、推理判断。可以这样说，这四部书起到的是定海神针的作用，基本上帮我确立了价值观、世界观、人生观。

跨界阅读和思考，兴趣广泛，关注点多，然后形成文字，这是我摆脱琐碎繁杂的世俗生活的一种依靠，也是我逐渐在教学中提升自己境界的支撑。说到写文章，我也经历了颇有意思的转型。我本科函授的毕业论文是6 000字的《隔膜：鲁迅小说的旨归》。我借鉴《外国现代派作品选》的序言部分的框架，结合自己对鲁迅三部小说集的理解，探讨了鲁迅小说中的隔膜存在于人与人、人与社会、一个“我”与另一个“我”之间。论文提交给现代文学指导老师，那位老师在文章尾部批注：写得太“好”（请注意引号）了。这明显是怀疑我抄袭。我给指导老师写了一封洋洋洒洒的信，明显带有炫耀自己熟悉当代文学评论界的意味。指导老师因此消除了怀疑，并解释说他可能看到过类似的文学评论。这件事一方面让我感受到函授生拿文凭而不获信任的尴尬身份所带来的苦涩，另一方面则让我认识到文章要有强有力的思想依托和先进的方法支撑。2002年4月《书屋》发表了我的思想随笔《从“雪夜关门读禁书”说起》，激起我浓烈的写作兴趣，即使后来所写文字更多的是在网络上发表。我写的文章范围驳杂多样：时政评论、思想随笔、历史钩沉、文艺评论、方言索隐、语言观察、书评影评。有趣的是，我的几篇在网络传播较广、转载较多的文章，分别是春晚评论《这是一个需要并产生侏儒的时代》、高考语文观察《我们为何总拿高考作文寻开心》、语言观察《为什么今天的汉语越来越猥琐》。

我早先几乎不怎么看教育教学方面的文章，几乎不怎么写教育教学方面的文章，但也意识到所有的积累最终还是要落实到课堂教学上。后来我开始在语文教材观察上用力甚勤，这得益于傅国涌先生的提醒和好友郭初阳、蔡朝阳的不懈耕耘给我的启发。俗话说，“艺多不养家”。正是他们的提醒让我对这句俗话有了深刻的认识，之后我就比较专注于语文教育的思考和写作。

在教书方面，我力求尽己所能打破学科界限，兼顾应试成绩和完整教育，在当下高考和未来可持续发展之间找到平衡点；阅读兴趣在历史、哲学、文学、人类学、社会学、语言学、政治学、伦理学、经济学、教育学、心理学、生物学等方面，尽己所能完成自我启蒙；近年来写作兴趣集中在教育教学方面，文章见于《中国教育报》《中国青年报》《中国教师报》《新京报》《浙江教育报》《书屋》《师道》《人民教育》《教师博览》《名作欣赏》《新课程评论》《读写月报·新教育》《中华家教》《教育研究与评论》《高中语文教与学》等报刊以及爱思想网、教育思想网等网站，部分文章被新浪网、搜狐网、新华网、网易网、凤凰网等门户网站转载。《教师博览·文摘版》曾在封二“教育人物”栏目对我进行介绍，《当代教育家》封二、封三发文介绍我的书房。2013 年起我被聘为北京市公众教育科学研究院特约研究员。2017 年 4 月我的语文学专著《语文不是语文书》面世。该书出版后，受到各方关注和好评，当年 7 月即加印。语文教育类书能有如此不俗的销售业绩，可以看成是叫好又叫座的一个例子。这是一本试图为语文划定独立版图的语文学专著，书中将趣味性与学术性、可读性与思辨性熔于一炉，对不同地域、不同时期的中学语文教材进行比较，采用全方位的观察视角，却始终聚焦于语言文学。第一辑“他山之石”运用诠释学理论，对《美国语文》的语言本质、历史框架、实用训练、逻辑体系、价值追求做出解读，并将其与人教版语文进行全面比较。第二辑“鉴往知来”对民国时期的《国文百八课》以及我国台湾地区的《国文》教材进行分析，指出语文是语言科学与文学艺术的融合。上述文章在单元导读、篇章介绍、时代背景、作家介绍、文学知识、文学与生活、逻辑训练、创意与点子、写作训练、口头表达、字词训练、文本探究、学科融合、艺术与科学、文化本源和本土历史等方面做了详细的分析和比较，指出语文应该既有形而上的思辨色彩，也有形而下的实用色彩，并进而对语文的本质做了历史学、语言学、哲学、诠释学等方面的思考。第三辑“教有所思”是对教育的深入思考：阅读目的与亲近自然，程序正义与目的正义，传统道德的保有和更新，全面发展与可持续发展等。书中提出这些问题并进行反思，体现现实性与思辨性的特点。这个部分的文章记录实践、解读经典、评析书事，可以看出我尽得教书读书之乐。此书书名意在强调：语文的丰富性绝不是有限的课本所能涵盖的，因此可以说，语文的真功夫在语文课本之外。叙述平实、视野开阔、有思辨色彩、有人文底蕴构成这些文章的基本特点；没有匠气、颇具匠心是文章得到好评的关键所在；熔可读性、思辨性、广博性、现实性、人文性于一炉，是文章的主要特点。

在此书中，我对语文学下了一个新的定义：语文学是研究语言现象、言语活动、文学艺术的教育教学的一门学科。重新定义的语文学应该对语文教学大纲、语文课程标准、语文教材、语文课程及教学、语文训练、语文考试纲要、语文测试及评价等全过程进行全方位的理论研究和实践指导。语文学的建立，可望不再让语文被文艺学、语言学、修辞学、写作学、文章学、诠释学等分割，不再让语文没有自己独立的版图，不再让语文成为一个无人认领的孤儿，不再让语文成为没有指引、缺乏前导的盲动者，不再让语文成为瞎打乱撞、无法无天的莽夫。

写作梦，淑世梦，应该是支撑我们不断坚持写作和思考的原动力。从高处说，立德立功立言，一直是一个不断召唤读书人的梦想。这个境界令人向往，虽不能至，心向往之。

我特别看重语文对国民性格的形塑功能，当然还有形而下和形而上的功能。语文实际上承担着寻找言说方式、探寻生命意义、追问存在理由、凸显个体尊严、形塑民族性格的重任，承担着为每一个人寻找安身立命之所的责任。换言之，语文教师就是要帮助学生构建自己的精神家园和言说体系，与此同时，当然也为语文教师自己找到安身立命之本。历史是人类经验的汇集，语文则是人类经验、人类先验、人类后验和人类情感的记录者、承载者和形塑者。语言为历史进程树立路标，历史成为后来者的语言资源、道德资源和思想资源，二者相互形塑，相互承载，不断为人类文明的宝库增添财富。

在语言文字的熏染下，民族精神逐渐被提炼、升华为一个完整的价值体系。契约精神，协商机制，妥协手段和意识，财富意识，个人空间与邻里关系，精神追求与现实利益，自由与边界，法律与习俗，程序正义与目的正义，起点平等、过程公正与尊重结果，警惕道德崇拜和智力崇拜，诚笃信仰，都具体化为我们耳熟能详的格言和谚语。经济美德、社会美德、政治美德以及实证科学精神的发端和形成，端赖于此。语言对人类经验的记录和承载、对民族精神的形塑作用可见一斑。

写作是一个用文字载着身体和心灵进行游历的过程，是一个澡雪精神、表里澄澈的升级换代的机会，是吐故纳新、神游万仞的自由翱翔，是“两句三年得，一吟双泪流”的苦楚与“身无彩凤双飞翼，心有灵犀一点通”的相知的交织。

阅读让我吸纳人类命运共同体创造的精华，教学让我与学生一起共同感受人类的美好成果，写作让我与古往今来的思考者对话交流，这样的外在活动和内心体验成为我安顿自己身心的方式，也是一个普通教师得以保持“草木有本心，何求美人折”的自由独立的立身之本。

爸爸妈妈，你们慢慢来

“爸爸妈妈，你们慢慢来”，这句话是从孩子的角度说的，目的是从孩子的角度来观察、思考、践行、调整、反思，改进有关教育的问题，特别是家庭教育的问题。想必大家都熟悉这样的照片：一些成人与孩子们在一起的时候，采取的是蹲下来甚至跪下来的姿势。这种姿势背后的理念是，你只有与孩子保持同样的姿态和视角，才有可能与孩子一样得到相同或相似的所见所闻、所思所想。这不仅仅是家教的方法与技巧，也是对孩子进行人格尊重、平等理念的浸染和熏陶。润物无声、春风化雨的含义就在于此。同时，孩子的成长和教育是一件不能急、急不得、急也没用的事。爸爸妈妈能做的是与孩子一起慢慢成长，体悟生命的萌动，享受成长的喜乐，感念时光形塑人格的历程，以及文明教化的伟大力量。另外，家长朋友不要把自己的焦虑转移到孩子身上，不要被一些似是而非的说法所左右，如“不要让孩子输在起跑线上”等。今天，人们普遍感到安全感匮乏，为食品安全焦虑，为学区排位焦虑，为升学压力焦虑，为就业压力焦虑。不可否认，作为一个负责任的家长，有义务为孩子的未来设计锦绣前程，但我们也不要过于强求，千万不要让出人头地、成龙成凤之类的想法弄得孩子紧张兮兮。孩子稚嫩的肩膀无法承受如此沉重的负担，过度关注会导致孩子无所适从。

我先与大家分享自己在家庭教育方面的一些体会。2008 年 7 月 1 日我们家得到通知，我女儿（以下称她的英文名 Ivy，即艾薇）与湖北省 21 名高二学生一起，获得新加坡企业奖学金全额资助，12 月赴新加坡南洋理工大学（2022 年，该校在 QS 全球大学排名[①]中为第 12 名，在英国泰晤士高等教育世界大学排名中为第 46 名）学习。经过一年半预科和四年生物工程专业的本科学习，Ivy 顺利毕业，在一家医疗器械企业工作近两年后，2016 年 5 月回到南洋理工大学做助理研究员，协助一位十分赏识她的女教授研究一个国家级的医学项目。教授赏识她的重要一点是，Ivy 在大四做的一个实验曾经得奖。2017 年 8 月，Ivy 在南洋理工大学开始她的五年读博之旅，2022 年 3 月获得博士学位。

其实从小学、初中到高中，Ivy 并不是“学霸”，也不是拼劲十足的“拼命三妹”，能取得这样的成绩，多少有那么一些“逆袭”的色彩。这里列举 Ivy 几次考试的名次：初一上学期期中考试班级第 14 名，学校第 217 名；初二转学，上学期月考班级第 6 名，期中考试班级第 21 名；初二下学期期中考试班级第 5 名；中考班级第 2 名，考入我所任教的省级重点中学；高一上学期第一次月考全校第 580 名；高一下学期期末考试全校第 68 名；高二上学期期末考试全校第 122 名（这一名次意味着可以考上武汉大学、华中科技大学）。Ivy 的成绩有起有伏，并不总是名列前茅，但总体处于

① QS 指的是 Quacquarelli Symonds（一般译作“夸夸雷利·西蒙兹”），英国一家教育研究机构。

上升趋势。女生进入高中后，数学、物理、化学、生物往往是一道道关卡，成为一些女生被迫放弃理科、选择文科的“伤心学科”。但 Ivy 经受住了考验，终于考上了她心仪已久的南洋理工大学，选择了她喜爱的生物工程专业，并从事她十分向往的研究工作。因此可以说，在 Ivy 的成长和教育过程中，家庭教育、社会教育、学校教育和自我教育是成功的。

先看 Ivy 的一则日记（这一行为已经得到 Ivy 的同意，下同）。

2003 年 11 月 5 日

我克制了我自己。中午，我照例准备拿 5 角钱买土豆片吃，口袋里刚好有 5 角钱。可我一想这 5 角钱还要还给我表姐，没办法，只好不吃了。我站在土豆片摊那里，等着我的表姐，自己十分想吃，可惜又没钱。突然，我脑子里闪过一个念头——不用钱也可以买到！因为这里人十分多，如果我要老板给我炸两串土豆，谅他也不知道我给没给钱。我刚准备实行这个计划，可突然想到“小时偷针，长大偷金”的故事，我又犹豫了：如果我今天这样做了，就会养成一种习惯，有钱也舍不得给别人，那长大了就会成强盗。

真高兴：我克制了我自己。

这则显得稚嫩的日记能够说明自我教育的初见成效。一个 12 岁的小女孩，贪嘴、任性可能是一种常态，但 Ivy 克服了这些不良习惯，成功地控制了自己的嘴巴，抵制了土豆片的诱惑，远离了占小便宜的企图，具备了初步的自控力、道德力和有借有还的契约精神。这也是她在 17 岁远渡重洋，赴新加坡求学能让我放心的原因之一吧。类似的家庭教育和自我教育结合得比较好的做法有：我家的墙上、门上贴有她写的字条——“把门关好”“把凳子放回原处”“今日事今日毕”“记得关水龙头”，以期养成良好的习惯。从根本上来说，无论是家庭教育、社会教育还是学校教育，落脚点是自我教育能力的养成。因此家庭教育既不要放任自流，也不能大包大揽，可取的做法应该是像教小孩走路一样，开始扶着他们走一程，接着让他们自己跌跌撞撞走一程，这样孩子自主自立的能力也就逐步形成了。

接着再看 Ivy 的一则日记。

2006 年 1 月 2 日

人的一生总是会有很多愿望的，我也不例外。处在青春期的我爱幻想，愿望多得数也数不清，但大多数愿望都是一时心血来潮，过后就忘得一干二净了。直到昨天，我终于有了一个真正的愿望。

昨天是元旦，晚上 6 点，爸爸坐在电视机前看维也纳新年音乐会，还把我叫上和他一起看。爸爸看着金碧辉煌的音乐大厅，欣赏着优美绝伦的乐曲，眼里流露出向往。看着看着，我也被那豪华的大厅和畅快淋漓的音乐所吸引，于是脑子里冒出一个念头：我以后要把爸爸妈妈带去维也纳听一次新年音乐会。

刚开始，这仅仅是我的一个小念头。但后来，我听爸爸说，维也纳是一个神奇的地方，影响世界的一些音乐家、思想家都在这里诞生，如小约翰·施特劳斯、哈耶克、卡尔·波普尔等。于是，这个一闪而过的念头便成为我的愿望——我真正意义上的一个愿望。

有了愿望的生活变得更有趣，而我也必须为这个愿望付出努力和汗水。去维也纳的金色大厅听一次新年音乐会是非常不简单的一件事，首先是要有足够的金钱，这样才有可能去听。从现在起，我就要开始为我的愿望付出努力了。爸爸说他希望在 60 岁时能去，我还有 20 年的发展时间。

要实现这一愿望，从现在起我就要陶冶我的性情和兴趣，培养自己的独立生活能力，使自己的内心世界变得更充实，更丰富多彩。当然，身体也是至关重要的，身体是健康的本钱嘛，没有了健康，什么也干不成了，所以我决定以后每天坚持锻炼身体，养成良好的生活习惯。在知识方面，我应该多读书，开阔自己的视野，努力使自己成为一个情商、智商、身体都很好的人，这样，我的愿望就离我更近了。

20年后，咱们在奥地利维也纳的金色大厅里见面！

这则日记反映出开阔视野、培养兴趣、见多识广的重要性，愿望和理想对行动养成的引导作用。小时候，我父亲经常带我在周边乡村步行访友（他经常对我说：读书不如访友，访友不如闲谈），范围大约在我家方圆30千米。我因此见识了我父亲的一些同事，见识到老派读书人不淫、不移、不屈的人格，以及世事变迁、人情物理、草木虫鱼的复杂世界。因此，我在养育小女的时候，特别喜欢带她见识这个精彩的世界：在乡野田间漫步的时候，农作物、野草、昆虫、家禽都是我给她讲解的对象，以期她养成好奇的眼光、乡土的情怀；农活农具、渔民渔事、手工手艺、跑马卖解、乡村风俗是我引导她关注的对象，让她了解稼穑之艰难，拥有民胞物与的胸怀；亲朋聚会时能带则带，让她见识各色人等（包括我的同事、好友，还有其他学校聘请的外籍教师），养成不怯场、不认生的胆识；俱乐部的花圃、公园的八卦阵、游乐场的蹦蹦床，这些可以培养她的审美眼光、活泼天性；“华东十日游”，一家三口与我的同事们一起饱览山河风光、都市风貌。7岁的她第一次出远门，严重晕车，我背着她游览庐山，玩得又累又开心；2006年7月我和她去湖南岳阳，听郭初阳的课，游览岳阳楼、君山、洞庭湖，她感慨良多；我们学校请胡发云、傅国涌、魏勇、郭初阳、蔡朝阳、吕栋等人来做报告，我特别留心安排Ivy与他们说上几句话，让她近距离见识高人雅士的风范气度。这些做法收到了明显的成效：Ivy养成了气定神闲、心态平和、气度沉稳、不急不躁的性格，反映在学习上就是具备超常发挥的能力——中考的时候，我在武汉阅高考卷，根本没管她，她考出班级第二名的超常水平；参加新加坡企业奖学金考试的笔试和面试，应该也是超常发挥。见多识广，兴趣广泛，胸有丘壑，不唯书，不唯考，努力使孩子成为一个全面发展的完整的人，是我感受最深的家教体验。至于愿望和理想对孩子行为的引导作用，这一点也体现得很清楚：Ivy 听我唠叨人们对文科的负面看法后，学理科再苦再累也不改初衷，每天拿出两个小时休息时间（中午挤出 40 分钟，晚上挤出 80 分钟）钻研数学、物理，整理出来的笔记都有好几本。

有一句老话：宁吃鲜桃一口，不吃烂杏一筐。这句话反映到阅读上，就是重视阅读、尊重经典，充分认识到经典的引领作用。在我看来，花十天啃一部经典，哪怕只懂百分之一，也比一天百分百读懂平常杂志要好得多。阅读品位要高，种类要全，虚构类和非虚构类并重，公共说理和论辩与逻辑能力齐头并进（尽可能远离脑筋急转弯、人生感悟和心灵鸡汤之类的读物），争取朝百科全书式的方向发展，而不是一味地朝文学艺术方向走，因为在还不知道孩子的天性和禀赋的时候，尽量给他打开四面的窗户；他在看到不同的风景后，才有可能选择适合自己的阅读品类和发展方向。

我翻阅 Ivy 的日记和读书笔记，同时根据自己的记忆所及，得到一份她从初中到大学的书目（以下排列不分时间先后）。

《世界历史五千年故事连环画库》《不知道的世界（数学篇）》《不知道的世界（物理篇）》《一万个世界之谜（宇宙分册）》《北大旧事》《世界文化之谜》《飞鸟集》《织工马南》《爱丽丝镜中世界奇遇记》《三十九级台阶》《风语河岸柳》《双城记》（做了 22 页笔记）、《主角与配角》（傅国涌著，签名本，做了 14 页笔记）、《亨利·斯坦利和探索非洲的欧洲探险家》《受戒》《蔡元培传》《论红楼梦：历史文化的全息图像》《红楼梦》《西游记》《莎士比亚全集》（只读了部分篇目）、《我也有一个梦想》（做了 12 页笔记）、《将梦复兴》《动物庄园》《一九八四　上来透口气》《苏东坡传》《汉末党锢之谜》《吴越春秋》《过去的中学》《曹雪芹别传》《通往比傻帝国》（冉云飞著，签名本）、《一头自由主义的鹿》（狄马著，签名本）、《不存在的骑士》《杂记赵家》《福尔摩斯探案全集》《寻找有意义的教育》（蔡朝阳著，签名本）、《教有所思》（李镇西著，签名本）、《杜甫传》《唐诗名篇故事》《金银岛》《小王子》《耻》《亚瑟王》《特里莎嬷嬷》《带一本书去巴黎》《寻路中国》《死于合唱》（胡发云著，签名本）、《呼兰河传》《中国人史纲》《梁漱溟传》《胡适与中国的文艺复兴》……

这里分享 Ivy 高一时写的一则读书笔记。

2007 年 2 月 28 日

《威尼斯商人》这部戏剧堪称经典。它主要体现了莎士比亚对商人追求财富的肯定，对女性智慧的赞美。但从这部戏剧中，我们也可以很清楚地看到欧洲人对犹太人的那种与生俱来、无法斩断的歧视与厌恶。商人安东尼奥追求财富是天经地义的，但放高利贷者夏洛克追求财富，便是贪婪奸诈的蝇营狗苟之徒。对财富的渴求是人与生俱来的欲望，也是推动社会发展进步的根源之所在。在这个方面，安东尼奥和夏洛克应该在同一平台上。当我们看到夏洛克不惜一切只为了得到安东尼奥的性命时，我们也许会对夏洛克深恶痛绝。但夏洛克的报复心如此之强也不是不可理解的。犹太人不知从何时开始，成了这个世界上的流亡者。他们四处漂泊，走到哪里就被哪里的人所歧视欺辱。

千百年来悲惨的遭遇，使他们受伤的心几乎没有再愈合的可能。

多一点爱，多一点平等，世界将不会充满仇恨。

从这则笔记我看出 Ivy 试图用批判的精神去理解经典，大胆质疑经典而不是膜拜经典，敢于表达自己的看法而不是亦步亦趋、人云亦云。无论是在人文、社会科学领域，还是在自然科学、工程科学领域，批判、质疑精神都是十分可贵的。

值得一说的是，从高一下学期起，我开始教 Ivy 所在班的语文。我们这里有句话叫“父教子（女）不专”。意思是说，父亲教自己的孩子，孩子不会专心读书。不过我教她不在此列。现在翻阅 Ivy 做的语文课堂笔记，我发现她记得很详细。比如我结合《诗经·氓》以及其他文章，做了一个小小的爱情专题讲座，她的课堂笔记记得十分详细：

一、从生物学角度来看（生物学是爱情的基础与前提）

1. 爱情是造物主对人类的美好馈赠，爱情使人类自身的生产活动的痛苦程度得以降低。

2. 爱情使激素“力比多”的分泌，使 DNA（脱氧核糖核酸）的复制、遗传信息的传递，成为一种本能的强大力量。

3. 爱情有利于优生优育，从一些古代典籍可见古人也认识到这一点，如“男女同姓，其生不蕃”（《左传》）、“屯如邅如，乘马班如；匪寇婚媾，女子贞不字，十年乃字”（《易经》）。

4. 婚—昏（古代婚礼在黄昏时进行）。月下老人，丘比特：爱情和婚姻的盲目性。

二、从社会学角度来看（主要是建立规则与禁忌）

1. 《俄狄浦斯王》里的弑父娶母情节，是上古先民的一种残存的记忆，也是一种可怕的诅咒。基于此，人类建立了有关婚姻的禁忌和习俗。

2. 规则尽可能抑制强者，确保强者传承基因的特权受到限制；规则越来越文明，力争使人类成为一个相互补充、相互依存的共同完善的共同体。

3. 规则的建立来自人类刻骨铭心的记忆，神秘的体验。

三、从美学角度来看（文学艺术的永恒母题）

功利与非功利的结合。功利是指选择配偶的审美标准，同时也符合健美能更有效地传播基因的生物学标准；非功利是指美感能够超越世俗、超越时空，成为人类精神财富的重要一极。

这些要点基本上反映了我所讲的内容，现在翻阅 Ivy 的笔记，不由得感慨系之。

学习窍门：Ivy 初高中做笔记十分认真，无论是学科笔记，还是读书笔记，她的习惯都很好，整理课堂内容，备注难点、要点、重点，把要向老师提问的内容及时记下来，下课后及时问老师。深深认识到“好记性不如烂笔头”这句话的重要性。她向老师提问痴迷到什么地步呢？下课时她拉住老师不让走——当然这会让老师很辛苦；课后只要看到办公室里的老师，不管是不是本班任课老师，都会把疑问提出来，直到弄懂才走——可能是一两个具体问题，也可能是方法归纳问题，可能要 10 分钟，也可能要 20 分钟、30 分钟。

学科平衡：Ivy 自己喜欢又学得好的科目，会越学越起劲，越有感觉，越自信，但绝不减少学习时间，课堂时间坚决把握住，提高课堂效率，紧跟老师转，认真做笔记；学得吃力的科目先预习，课堂认真听，及时记下难点、疑点，下课及时问老师，争取不留问题过夜，课外时间多向这些学科倾斜。做到学科平衡并不是一件特别难的事情，学会“十个指头弹钢琴”，人的协调能力超出我们自己的想象。可以与孩子玩身体平衡能力的游戏，玩左右手互搏的游戏，适度多用左手，促进感性和理性的协调。记住：每一门学科都重要，就高考而言，6-1=0。

父母成全儿女，儿女成全父母，是家庭教育的要义。希望学生和家长得偿所愿！

人之初：鸿蒙初开，谁为启导

意大利学者艾柯有言：一个阅读的人实际上相当于一千个人。从这个意义上说，阅读的本质很大程度上是对人类记忆的重温。人类记忆从载体上说经历了从口耳相传的肉身记忆，到以石头刻画、金属铭文、泥版刻写为主的矿物记忆，到以竹简木牍、丝帛纸张为主的植物记忆，一直到今天再次以硬件、软件为主的矿物记忆，乃至以虚拟环境中的云数据库为主的虚拟记忆；从数量上说则经历了算术级别到几何级别，直到今天的指数级别。

人类文明的记忆库蔚为大观。每一个个体从呱呱坠地到成长发育，将与整个人类文明的历程相依相伴，也将经历从鸿蒙初开到茅塞顿开。面对如此无尽的人类记忆，每个人会有一个取舍的问题：弱水三千，取哪一瓢去饮用呢？生物学意义上的生命赖以存在的外在要素是阳光、空气和水，维持正常生命活动需要蛋白质、脂肪、碳水化合物、矿物质、维生素和水。精神意义上的生命需要哪些要素，才能确保一个人元气淋漓、精神健旺呢？

需要哪些要素，才能在时间、哲学、社会政治意义上，成为一个具备现代精神和时代气息的人呢?

一、思想发育：四十六元素支撑现代精神谱系

王尚文、郭初阳、颜炼军通过所编的《人之初：现代蒙学四十六课》告诉我们，一个思想发育完善的现代人，精神谱系里应该有46种元素。这46种元素是现代人的精神大厦的支柱，能引领我们摆脱蒙昧、驱散黑暗、走向开化。

由门捷列夫首创并不断完善的元素周期表，为我们揭示了无穷无尽的宇宙，实际上也就是由目前已知的118种元素组成。据资料显示，2015年全球数据储量就达到8.61ZB（8.61万亿GB）。海量的信息一方面会让人有更多的选择余地，另一方面也会让人迷失在泡沫化、碎片化、无意义化的信息的汪洋大海之中而无力自拔。有鉴于此，《人之初：现代蒙学四十六课》抽绎出人类精神世界的基本要素有46种：自爱、自知、自信、自省、自胜、良知……46个方面涵盖了立身行事、自我意识、自省意识、公德私德、人性本源、人情伦理、科学理性、独立思考、政治（社会）原理、行为准则、世界观、人生观、价值观……这些归纳也许有生搬硬套之嫌，但大体可以说明编者意图所在。

全书的体例十分严整：从“自爱·第一”到“幽默·第四十六”的排序方式，似有《世说新语》标举风流的流风遗韵。每一课由经典论述、故事、诗歌三部分构成，理性思维和感性思维相与为一，正如王尚文在绪言中所说，“三部分相互阐释、相互补充、相互激荡，庶几形成一个有机的整体”。经典论述、故事、诗歌三部分的来源，体现了探幽索隐、广采博取的特点。有一组统计数据：经典论述中出自汉语的有55则，出自外

语的有 53 则；古代的有 67 则，现代的有 41 则。故事中出自汉语的有 17 则，出自外语的有 32 则；古代的有 11 则，现代的有 38 则。诗歌中出自汉语的有 7 首，出自外语的有 39 首；古代的有 17 首，现代的有 29 首。总体来看，出自汉语的有 79 则，出自外语的有 124 则；古代的有 95 则，现代的有 108 则。这一组数据看似琐碎，实可见出编者的用心：既有对汉语经典的阐释，又有对外来文明的借鉴；既有古代典籍的赓续传承，又有适应现代化进程的推陈出新；既有立足本位的价值理念，又有胸有丘壑的开阔胸襟。

二、器局沛然：让人理直气壮地热爱这大地

愈见愈奇、独具匠心是本书的又一大特点。这里不妨以“祖国 · 第十七”为例，看看三位编者的独具慧眼。

经典论述部分的两则中，第一则是当代美学家宗白华的论述：“我们爱国是为爱世界人类，是尽我们一部分发展世界事业的责任。”这一观点把爱国情怀与世界大同、责任意识与人类命运共同体结合起来。第二则是英国当代文学家 C.S. 刘易斯的论述：“国家存在的目的只是为了增进、保护人在此生中的平凡的幸福——丈夫和妻子能够在火炉边聊天，三两个朋友能够在酒吧玩飞镖，一个人能够在自己的房间里看书或在自己的花园里掘地，这就是国家存在的目的。国家倘若不能帮助增添、延长、保护这样的时刻，谈法律、议会、军队、法庭、警察、经济等都是在浪费时间。”这一论述把宏大话题与生活场景、国家责任与公民福祉、国家存在目的与国家机关职责结合起来，引发人们思考国家与公民、手段与目的的关系，具有正本清源的意义——不是国民为国家而活，而是国家为国民而存在。

故事部分选择抗日战争时期云南腾冲县（现为腾冲市）县长张问德的书信《答田岛书》，并附有日军军官田岛的诱降书。张问德面对日军军官表面文质彬彬、实则杀气腾腾的诡辞，回之以不卑不亢的言辞，并责之以民族苦难、日军罪行、人类尊严、生命可贵的人类体验，是“卒然临之而不惊，无故加之而不怒”的绝好写照。

诗歌部分选择英国当代诗人奥登的《他效命于远离文化中心的野地》（屠岸译）。这首十四行诗的格律十分严整，采用 AAAA AAAA BCD DCB 的押韵格式，每节按汉语来算大致有五个音步；全诗选取普通士兵战死沙场的场景，为我们诠释反侵略战争的意义、国家存在的目的：“使我们的女儿能够理直气壮地热爱这大地；不再受恶狗的欺凌侮辱；更使得有水有山有房屋的地方也能够有人。”

三、公众启蒙：造就神完气足的现代人

今天，我们在器物文明的选择上，已经能够做到鲁迅曾高呼的“运用脑髓，放出眼光，自己来拿”的拿来主义。同理，我们在思想文明上把人类当作一个共同体，分享其他民族所创造的经验，并不会从根本上改变民族的文化基因和精神血脉。

德国哲学家雅斯贝尔斯认为，在人类文明的轴心时代，各民族先哲如孔子、苏格拉底、佛陀、犹太先知所关注的终极价值，都具有共同之处。后人可以从中找到契合点，从不同文明中找出最大公约数。钱锺书《谈艺录》有言：“东海西海，心理攸同；南学北学，道术未裂。”余英时《我对中国文化与历史的追索》则写道：“如果历史可为指引，则中国文化与西方文化之间对基本价值似乎存在很多重叠的共识，毕竟中国的‘道’讲的就是承认人类共通的价值和人类尊严。”

在现代化的进程中，在启蒙的道路上，《人之初：现代蒙学四十六课》“启蒙发覆”，会造就出更多的神完气足的现代人。如康德《答复这个问题：“什么是启蒙运动？”》所写：“公众要启蒙自己，却是很可能的；只要允许他们自由，这还确实几乎是无可避免的。因为哪怕是在为广大人群所设立的保护者们中间，也总会发现一些有独立思想的人；他们自己在抛却了不成熟状态的羁绊之后，就会传播合理地估计自己的价值以及每个人的本分就在于思想其自身的那种精神。”

用正确的方式去做正确的事情

“茫茫宇宙中，有一种神奇的生物，这种生物不玩游戏，不聊 QQ（一款互联网即时通信软件），天天就知道学习，回回年级第一。这种生物可以九门功课同步学，妈妈再也不用担心他的学习了……这种生物叫作别人家的孩子……”

这是曾在网络和平面媒体上流行的热门帖子的开头几句。这个帖子用陌生化的方式，把父母和老师平时的唠叨——“我同事的女儿今年考上重点中学了，你怎么就没人家这么争气呢？”“你看看隔壁班的同学，学习多自觉啊！”——转化为《动物世界》版语言，对父母和老师的“对比式”教育方法加以戏谑和调侃。网友们纷纷响应：“别人家的孩子”是自己的“宿敌”，因为自己一路就是被父母“比”着长大的。

孩子的成长确实需要父母和老师的激励，这个过程端赖家庭教育、社会教育、学校教育和自我教育的共同作用。然而，父母和老师的激励并不是只有激将法这种方式，而且激将法也不是只有抬高别人的孩子、贬低自己的孩子这种方式。虽然父母和老师的出发点是好的，他们通常会对孩子说“都是为了你好”，但做正确的事情必须遵循一个原则：在正确的时间、正确的地点，用正确的方式去做正确的事情。如果上升到价值观的高度，不妨这么说：程序正义和实体正义必须同时到场。在不拘小节、不问手段甚至不择手段的人看来，为了达成一个好的结果，那就可以忽视手段、过程、方法上的缺憾甚至错误。殊不知，错误的手段只会产生错误的结果，就像“1+1=3”只会推导出“1+2=4”一样。

黄晓丹写过一篇分析教学案例的文章，让我们看到，为了转化“后进生”，老师“利用孩子内心的卑微和无价值感来将他纳入一个顺服的体系”，“落入以权术来代替教育的陷阱”。① 凭借天地君亲师、师道尊严的观念以及教师职责的特性，老师往往占据道德优势的高地，占据智力优势的高位，占据话语权力的高端。如果缺乏对权力滥用的足够的警惕，如果缺乏基本的职业操守，如果没有制衡权力的制度约束，某些老师（师父）通常会自觉不自觉地运用职业优势，制造对老师（师父）的个人服从甚至偶像崇拜；利用语言暴力制造各种歧视甚至人身攻击，比如“朽木不可雕也，粪土之墙不可圬也”；利用“法”“术”“势”等权术手段，来达到降服学生、维护自身权威的效果；利用学生的涉世未深和美好情感，控制学生的精神世界。

好的教育方法和教育理念把教育者与受教育者放在同等重要的位置。法国电影《放牛班的春天》为我们提供了一个范例。马修老师来到被称为“池塘之底”的寄宿学校，接触的大部分学生是难缠的问题儿童。这些孩子在那些行为乖张、面目可憎的教师的冷酷管教下，自然而然地习得了种

① 黄晓丹．是权术，还是教育？——对《蒲公英的约定》的一些质疑［J］．读写月报：新教育，2010（11）：27-33.

种捉弄老师、欺负同学的手段：辱骂马修老师是秃子、光弹头，把刚走上讲台的马修老师弄得摔倒，把一瓶墨水泼向马修老师……马修老师以其海洋般深邃的爱心，凭借天籁般的合唱曲，唤醒孩子们对春之序幕、海面清风、纯真之爱、希望之光、荣耀之巷的期冀和向往。有一个细节耐人寻味：当战争孤儿佩比诺苦苦等待他父亲接走他的时候，马修老师蹲下他壮硕的身子，把大手搭在佩比诺的肩头，倾听他希望离开“池塘之底”的愿望。在习惯了居高临下、扮演真理化身的教师眼里，在习惯了抬头仰望、温顺服从的学生眼里，马修老师蹲下身子的姿态语言不啻是照进幽暗地穴的一抹阳光——这缕阳光里有赤橙黄绿青蓝紫的多彩，有音乐传达出来的真善美，有平等、博爱演绎出来的尊重、理解，有不事雕琢的教育科学和教育艺术，有正确的方式和正确的结果。

在如何理解“正确”这个关键词的问题上，为了避免“放诸四海而皆准”的道德自负和智力自负，为了避免把学生当作父母和教师实现自身目标的载体，不妨以审慎和谦卑来克服致命自负所带来的自以为是。穿越时空的阻隔，康德的告诫诠释着平等和尊重的真谛：“人不是他人的工具，而是自身的目的。”

教师之乐的三重境界

纯粹从教师享受教育教学过程的乐趣来看，可以把三重境界当作衡量教师成功的标志。

数学被很多人认为是最为抽象、最为枯燥的学科，但数学老师却可以痴迷到这样的程度：

> （王远老师）讲课时常独自陶醉于自己的数学世界里，根本不管我们的感受。他常说的一句话是：数学是世界上最美的语言。他经常出神地望着黑板上自己的解题过程或几何图形，嘴里“啧啧”赞叹：“太美了！太美了！”当他回头的一刹那，发现我们一脸茫然如祥林嫂时，他就大发雷霆：“这么美的方程式，你们就无动于衷吗？”
>
> ——魏勇《我的“右派”班主任》

王远老师对数学的痴迷，毫无疑问到了令人惊叹的地步。他十分享受这一过程，沉迷于数学之美带来的巨大乐趣之中。王远老师感受到数学是真与美的结合，是宇宙的最高秩序，是人类以真求道、以善养气、以美修身的工具和成果。这种非常纯粹的超越功名的精神境界，挣脱了工资、奖金、高考、职称之类所带来的羁绊。然而，王远老师在自己感受到发现之美和探索之美的时候，却没有能够很好地带领自己的学生走进真与美的殿堂。这种状态，我们不妨称之为教师之乐的第一重境界。

> （梁启超）先生的讲演，到紧张处，便成为表演……听他讲到他最喜爱的《桃花扇》，讲到“高皇帝，在九天，不管……”那一段，他悲从中来，竟痛哭流涕而不能自已。他掏出手巾拭泪，听讲的人不知有几多也泪下沾巾了！
>
> ——梁实秋《记梁任公先生的一次演讲》

梁启超先生的演讲有一种巨大的感染力，这种感染力来自梁启超的学术魅力和人格魅力。所谓学术魅力，是指老师具备的学术能力所产生的魅力。所谓人格魅力，是指老师身上具备的个性特点、性格特征、情感模式、思想底蕴、精神追求所产生的吸引人的力量。相比之下，学术魅力可以在一定时间内养成，而人格魅力的形成则是一辈子的事情。梁启超以其对艺术的超凡脱俗的理解，建构起一个绚丽多彩的艺术世界，不仅自己能够感受到艺术的巨大魅力，还能以其光风霁月的人格魅力，对学生形成熏染，从而引领学生进入真善美的殿堂。这种状态，我们不妨称之为教师之乐的第二重境界。

> 我与先生（周辅成）仅几面之缘，片刻交谈，先生便将这属于“封、资、修”的书籍授我。这绝非先生对我这个毛头小子青眼有加，而是我提的问题引先生“技痒”，那是久违了的“思想的快乐”。
>
> ——赵越胜《燃灯者》

周辅成先生与青年学生赵越胜建立起一种亦师亦友的关系，既有哲学家对求真求善求美的哲学信念的执守，也有“人生得一知己足矣，斯世当以同怀视之”的渴求交流的情怀，更有舍身求法、犯难而上的勇气。在周辅成身上，我们可以看到不淫、不移、不屈的人格魅力，人类文明薪尽火传的生生不息，人格濡染、志趣相投的师生相处之道。这种状态，我们不妨称之为教师之乐的第三重境界。

今天我们在讨论教师的成功和乐趣的时候，往往会把注意力集中在教育教学过程本身之外的那些东西上。正本清源的做法是，我们应该把注意力更多地集中在教师发现探索之乐、引导分享之乐、人格濡染之乐上，这样才有可能发现教育的真谛。

自然就是自由的样子

清明节前的一个周六下午，天气很好，我十分迫切地邀约两个侄子和他们的孩子，去给我父母扫墓。回到老家，我们虔诚地到坟头祭拜完毕，我提议到田间地头去走走。侄孙、侄孙女高声响应我的提议。大侄孙女旖旖 13 岁，在读初一；小侄孙阿杜 8 岁，在读二年级。大侄孙女比我女儿小五六岁，在我女儿放假的时候经常来我家玩，和我说话较多，也愿意和我一起玩。小侄孙来我家较少，不大愿意搭理我；回老家的路上我多次主动和他说话，他都不愿意理睬。但我说到田间去走走，他显得格外开心，也愿意和我说话了。于是我与两个侄子以及侄孙、侄孙女，沐浴着难得的春日暖阳，走进明黄耀眼、浓香扑鼻的菜花田地。

此时此刻，在江汉平原的垄上行走，真是一件乐事。侄孙、侄孙女叽叽喳喳，就像是兴奋莫名、初试啼声的小燕子。我带着他们两个穿过一片菜地，很快就来到种着油菜的水田；两个侄子紧跟在后面，给两个“小不点”讲述着童年趣事：开春后跟在机滚船后面捉鳝鱼泥鳅，爬上高高的柳树掏鸟窝捉小鸟，吃涩中带甜的野蔷薇的嫩枝，吃辣中带脆的嫩油菜尖子……两个侄子要我给侄孙讲怎么观察自然，怎么写作文。我很愉快地答应了。我对两个小不点说，你们只要用心看，用心听，用心嗅，用心感受，然后有条有理地说出来，就是一篇好文章。小侄孙打断我，扬扬得意地炫耀他还知道记叙描写，一改先前的沉默寡言。

站在田埂上，我提示他们首先向远处、高处观察。大侄孙女想起了孟浩然“绿树村边合”的诗句；小侄孙对诗句有些茫然，就凑近油菜花，告诉我们他看到蜜蜂——肥胖的蜜蜂振动翅膀发出嗡嗡的声音，在一朵又一朵菜花上爬上爬下，不停地采蜜。我又提醒他们观察田里的其他花草。鲜嫩翠绿的紫云英，开的花白中带红，十分娇艳。曾经有段时间，我们把紫云英的梗子炒着吃，甜甜的，味道不错。田埂上开着白中带紫的蚕豆花，有的已经长出小豆荚。路边长着肥硕叶子的地黄，十分泼辣，不择地形地势，底下的根是一味中药。大侄孙女马上说有一种药叫六味地黄丸。我们继续往前走，还看到不知名的星星点点的野花，白中带蓝，田地里、田埂上开得到处都是。

来到一处没有种油菜的田地，好多好多的黄色小花开在水稻茬子中间。刚开始，我们叫不出这种花的名字；经过与旁边已经长大的蒲公英花的叶子、梗子进行比对，我们确认这就是蒲公英。小侄孙看到一朵蒲公英的顶上毛茸茸的，就趴在地上去吹。蒲公英的种子就像降落伞那样，悠悠扬扬地飘过田埂，飘过沟渠，随风去寻找自己的新家。

大侄孙女发现远处的树巅子上有一个鸟巢，缠着我说要去看。我们就越过一条干涸的小沟，到树下看鸟巢。这条沟渠长满青草，有的地方是水洼子。我先探路，提醒他们注意别跌进水洼子。小侄孙有些兴奋，蹦蹦跳跳地走过沟渠，结果跌到水洼子里。好在水很浅，我没有拉他，他自己在旁边的田埂上，用劲擦了擦鞋子就没事了。走在窄窄的田埂上，旁边就是耕过的农田。我叮嘱他们不要图自己方便，到农田里踩；农田里说不定下了种子，种子正在使劲往外长呢。小侄孙对一种野草特别感兴趣，这种野草在田埂上长得很茂盛，呈放射状长出多个分支，一个分支又长出很多叶片。小侄孙折断一个分支，梗子马上就流出很多白色的黏稠浆汁。我说："这是这棵野草在流泪呢。我看《动物世界》栏目的时候，看到科学家观察蛇虫鼠蚁、花花草草，都是很爱护观察对象的，他们甚至趴在地上，绝不伤害那些生命。"小侄孙抢着说："以后我也学科学家，不伤害花花草草，不伤害蛇虫鼠蚁。"

来到另一条沟渠旁边的鸟巢下面，我们仰头看了一会儿。大侄子告诉两个"小不点"，这应该是鸦鹊子窝。鸦鹊子的学名是喜鹊。我用手机给两个"小不点"拍了几张相片，大家就往回走。沟渠边的芦苇枯黄细瘦，长长的顶端还有穗子。我给小侄孙折了一根芦苇，小侄孙像扛枪一样一路扛着回来。

侄孙、侄孙女喜爱自然、亲近自然的垄上行，给我很多启示。

自然是人的最好的老师，自然是小孩最愿意亲近的伙伴，自然是打破隔阂、走向了解的最佳桥梁。人的品行来自自然的熏陶和化育，正如《论语》所说："仁者乐山，智者乐水。"亲近名山巨川是人的莫大造化——山的嶙峋坚硬可以育成人的刚毅执着，水的灵动婉曲熏染人的灵动不羁。亲近自然既是与花鸟虫鱼的对话，也是学会爱惜生命、尊重生命的过程。

对自然和自由的天然联系，康德有十分经典的阐述："唯有在社会里，并且唯有在一个具有最高度的自由，因之它的成员之间也就具有彻底的对抗性，但同时这种自由的界限却又具有最精确的规定和保证，从而这一自由便可以与别人的自由共存共处的社会里；——唯有在这样的一个社会里，大自然的最高目标，亦即她那全部禀赋的发展，才能在人类的身上得以实现。大自然还要求人类自己本身就可以做到这一点，正如大自然所规定的一切目的那样；因而大自然给予人类的最高任务就必须是外界法律之下的自由与不可抗拒的权力这两者能以最大可能的限度结合在一起的一个社会，那也就是一个完全正义的公民宪法。”[①]

如果把“自然”拆开来看，不妨说“自然”就是自由的样子、自在的样子、自足的样子、自洽的样子。自由自在、自足自洽体现为“草木有本心”的自在自为；体现为鸢飞鱼跃的逍遥游；体现为人的心无挂碍、心游万仞；体现为自己在做自己想做的事情的时候，对自然法则和人类规则的认可，对其他生命的尊重和爱护。

① 康德．历史理性批判文集［M］．何兆武，译．北京：商务印书馆，2009.

02

第二辑

读有所想

诗心共爱情一色，艺术与科技齐飞

——别永超《原树集》序

2004年秋季，我从复读中心调到仙桃中学任教高二（1）班，开始认识别永超。永超是一个偏瘦的小男生，眼睛特别有神，有一种天然的笑意。在我印象中他多数时间坐后排。后来他应我邀请到仙桃中学与学弟学妹交流的时候，喜欢自称“学渣”，总是排名倒数——他特别喜欢说的一个细节是，原来他排名倒数第二，后来排名倒数第一的同学回原籍参加高考，他就成为倒数第一了。他对成绩不以为意，显得活泼开朗，但也并不是那种没心没肺的满不在乎，喜欢问我一些看上去与学习无关的问题。有一次，我讲课说到现在小学、初中、高中学生很辛苦，大学生反而太过放松，其实好的做法应该是学生小学时以轻松、开心为主，初、高中时认真学，大学时拼命学。不过华中科技大学（以下简称华科）的学生却很好学，晚上都上晚自习。于是我顺便提到，在网友“康不德”的安排下，我曾经到华科与政治学学者刘军宁一起吃晚饭，并听他的讲座，感受到华科的学风之浓厚、人文讲座之博采众长。永超就要我给他推荐刘军宁的书。我刚好在学校图书馆看到过刘军宁的一本书，于是就建议他去借阅。这本书就是《共和·民主·宪政——自由主义思想研究》（上海三联书店1998年版），他借来“啃”了一段时间，之后与我有过一些交流。这次阅读经历估计是他后来研读曼昆、弗里德曼等人的经济学著作的一个良好开端。我印象特别深刻的是，他到我家聊天时提到曼昆、弗里德曼，还特别提醒我要学会理财，在一些图书销售平台做活动的时候买书，价格可以打五折。

2006年，永超的高考分数不高。复读一年后，他以高分考入华科机械系。复读这一年，他不仅分数增加了不少，还收获了甜蜜的爱情，写了不少古诗词和现代诗献给他的一位女同学——经过长达十年的爱情长跑，这位女同学现在是他的妻子。在好几首诗词里，他巧妙地嵌入女友的姓名，表达缠绵悱恻的爱情所带来的心灵的震颤与悸动。这对情侣在高中时期相互帮助，相互激励，相互成全。2019年5月，离高考还有30多天，永超与妻子回仙桃，到我所带的高三（7）班去做分享。这对伉俪除讲一些学习、心理、应试技巧、专业选择方面的体会外，还讲了他们的爱情长跑，他们的诗词唱和——学弟学妹们听得满心欢喜。我向同学们打趣道：看来要学会写诗填词啊，这样会让你们在恋爱的时候有更独特的体验。

还值得一说的是，不要低估“学渣”的爆发力。那些暂时学习困难的学生，不少人只不过是没有遇到合适的老师，没有找到合适的方法，没有遇到激励他的同学，没有遇到一场刻骨铭心的爱情。如果足够幸运，巧遇以上一个或几个条件，“学渣”立刻变“学霸”。永超的经历就证实了这一点。另外，我还有一点体会就是，有的同学在高中万分刻苦，考上排名非常靠前的名校，进入大学后丧失学习动力和兴趣，后续的发展能力不一定能与高中有点不务正业的人相比。

当年高二（1）班还有一位王晶同学，写作文总是喜欢从宇宙写起，有很强的时空意识。他2006年考入华科，后来以全额奖学金进入波士顿大学并获得博士学位，成为谷歌总部高级工程师。2018年1月初，王晶回国探亲，在母校做了有关人工智能的分享。我当时还和他打趣：可能就是你的宇宙意识让你走得这么远吧。王晶很谦逊地回答我：还是老师教得好。

这两位同学的可持续发展能力给我留下很深的印象。

2009年5月底，永超从华科回到仙桃找我聊天。他与学弟学妹们进行分享之后，恰好是学校安排照毕业合影的时间，于是我拉他到我所带的高三（8）班一起照了毕业合影，给学弟学妹们留下了美好的回忆。他的两首赠诗，应该是写于这个时间。

赠苏老师

其一

胸中藏书何万卷，
出口成章能千言。
鞭辟入里前未闻，
一见如故是当年。

其二

名曰师长实为友，
谈今论古时时忧。
厚积只待求薄发，
桃李天下壮志酬。

说实话，永超进入大学之后，眼界更加开阔，还与我这个“三家村学究”保持密切的来往，确实让我感动；而赠诗颇多溢美之词，则让我愧怍。我多次向他提到华科的人文讲座确实了不起，这个讲座能够邀请到国内颇有声望的人文、社科学者，有可能的话就多去听一下。学理工的人，如果有较高的人文素养和艺术修养，会在今后的工作中如虎添翼。我还向他提到华科的王乾坤教授所著的《文学的承诺》很值得一看，有可能的话选修他的课。他则向我提起华科的一位公共课老师如何卓尔不凡，观点新颖。

2011 年 7 月，永超毕业之后加盟某大型企业在西安的分部。他选择西安，是因为他父母和弟弟在西安经商，他的女友考入了西安交通大学读研究生。他在业务上逐渐进入角色，不断取得进步，每有所获，都会向我报喜。没几年，他就成为结构工程团队管理者，但总是自谦是做手机壳的。现在他同时负责两个项目的看护。每到新品发布的时候，他总是把他参与研发的刚刚上市的手机送给我体验。在我看来，做手机壳这项工作是科技与艺术的融合，挺对他的胃口，所以他能高歌猛进，越做越好。

在他到西安工作之后，我介绍他认识我的好友杨林柯和狄马。杨林柯兄与我聊天时，也对永超颇多赞许之词，说我有这样的学生是一件幸福的事。春节回仙桃，永超把狄马赠我的两本签名本带给我，一本是《中国杂文（百部）卷四：狄马集》，另一本是《一头自由主义的鹿》。这两本书在我收藏的签名本中确实弥足珍贵——因为我多年前读到狄马《声音研究》的时候，就对他思想、语言所到达的高度有深刻印象。永超与狄马的小孩驹驹非常投缘，带他一起玩，给他买乐高积木。他这样写驹驹：

赠驹驹

王家晚子名驹驹，

虎虎活泼真不虚。

家中天地当草场，

驰骋无束亦无拘。

信手家什独作乐，

游客盈门喜不禁。
牙牙铁汉有柔肠，
送客临门泪满襟。

鹊桥仙·赠驹驹

童心稚子，豪杰怎比，情挚性清如水。举杯更盏邀客饮，水胜酒，斯人自醉。　　惜别牙语，凭谁能懂，难舍此情谁会。夜深柳暗照昏灯，人归未？一眶热泪。

逢年过节，永超抽空回仙桃看望他父亲（他父亲后来回到仙桃）和爷爷奶奶、外公外婆，也总是到我家或学校找我聊天、吃饭。经过这些年的历练，他谈锋更健，眉宇间透出一股英气。有一年，他和妻子去普吉岛度假，发照片给我看。我开玩笑说他像“007”。他对家乡的美食念念不忘，回来就喜欢吃小龙虾、黄颡鱼、财鱼面。有一次他到我家玩，我带他去早点店吃财鱼面，老板见我用那么一种眼神看着他吃面的神情，就问我他是不是我儿子。我说：“是学生啊。”还有一次我们聊起签名本，说到史景迁，他说在西安买到史景迁的签名本，下次带回来送给我。我说：“不夺你所爱，你也是书痴，你好好收藏。”

永超高中时期的诗词主要是无题诗、爱情诗，情真意切，情意绵绵，模仿、借鉴痕迹比较明显；大学时期和工作时期的诗词内涵变得丰富起来，有求学、思乡、敬业、游历，有爱情、友情、豪情、亲情，技巧也日臻圆熟，化用前人诗句和意境越发见出功底，平仄韵律的运用越来越熟练。后来他越来越喜欢填词，可能是因为词这种体裁的抒情效果更好吧。他的诗词集取名为“原树集”，是对王禹偁“何事吟余忽惆怅，村桥原树似吾乡”所表达的思乡之情的认同吧。

在很多人眼里，艺术只不过是生活和科技的点缀而已，但真正思考起来，艺术应该是生活的起点和归宿，是科技的出发点和落脚点。想象与虚构是艺术的灵魂，也是科技的灵魂。正因为如此，爱因斯坦说：“想象力比知识更重要，因为知识是有限的，而想象力概括了世界上的一切，推动着社会进步。”想象与虚构是人们内心真实想法的一种折射。正如亚里士多德所说：“写诗这种活动比写历史更富于哲学意味，更被严肃地对待，因为诗所描述的事带有普遍性，历史则叙述个别的事。‘有普遍性的事’指某一种人，按照可然律或必然律，会说的话，会行的事，诗要首先追求这目的，然后才给人起名字；至于‘个别的事’则是指亚尔西巴德[①]所做的事或所遭遇的事。”在亚里士多德看来，历史是事实层面上的存在，是确实发生过的个别的事，但不一定具有普遍性、必然性；诗歌（艺术）则是对具有普遍性、必然性、可能性的事或人进行描述，是人们内心真实想法的呈现。因此，看上去确凿无疑的事实不一定是真实的，就像俗语“人在曹营心在汉”所说，又或者如俗语“小和尚念经——有口无心”所说。人的身体虽然在这里，或者虽然做着某件事，却意不在此，心不在焉，这种状况就是事实不是真实的最好例证。看上去荒诞不经的人物或事情，却是人们内心真实想法的表达，比如孙悟空不受约束、本领高强，是我们每一个人内心愿望的真实表现。从这个意义上说，真实的美才经得起时间的考验。因为人们内心永远充满对美的向往和追求，美和艺术才能引导人类走出蒙昧，成为人们永远的需求。写诗填词、甜蜜爱情、科技创新，在别永超的世界里如此合而为一、水乳交融——诗意地在大地上工作、栖居，成为永超的一种常态。

2018 年 10 月，永超回仙桃，我和他到汉江边散步聊天，在一个栈桥

① 亚尔西巴德，雅典政治家、军事家。

上极目远眺：风急天高，渚清沙白，江水东去，云树历历。他行色匆匆，马上就要赶回西安。我写下一首五言绝句的前三句发给他，并说第四句一时想不出来。他帮我写出第四句，凑成这首诗：

赠别君永超

相知十四载，

酬唱一杯轻。

云树自兹起，

高山流水声。

永超要我给他的诗集（未刊）写几句，我不揣谫陋，写下此文，作为我们亦师亦友的见证。

《美丽人生》：一个光明战胜黑暗的寓言

所谓美好的和可敬的事物乃是那些能使我们天性中兽性部分受制于人性部分（或可更确切地说受制于神性部分）的事物，而丑恶和卑下的事物乃是那些使我们天性中的温驯部分受奴役于野性部分的事物。

——柏拉图《理想国》

奥斯威辛之后，诗人何为？

作为人性中美好温馨、友爱理性的见证者的诗人，在黑暗恐怖、摧残人性的集中营面前，一定会因为恐惧而失语吗？一定会因为“愈多愈看不见”的黑暗的弥漫而失语吗？一定会因为人性中兽性一面的急剧扩张而绝望吗？

不，不是这样的！真正的诗人永远不会因为皇帝的淫威和众口一词的赞美而附和着说皇帝的新衣多么华丽，诗人的天性就是把那“一提起我，我就消失”的沉默赶走，诗人就是要说出黑暗的本相、专制的孱弱——无论是东方还是西方，无论是现在还是过去，诗人不会被黑暗溶解，就像《美丽人生》的主角圭多以他机关枪似的语速和抑制不住的笑声来消解那令人窒息的黑暗那样。

《辛德勒的名单》《生命中不能承受之轻》《阿尔巴特街的儿女们》《大清洗的日子》《古拉格群岛》在打破沉默；凯尔泰斯·伊姆雷、亚当·米奇尼克在赶走黑暗；在图西族和胡图族相互仇杀时，在摩苏尔被毒气弹的阴云笼罩的日子里，诗人没有缺席……

真相并没有被沉默带走，黑暗并非无所不能，谎言重复一千遍仍是谎言，诗人并没有缄口不言。

一、谎言与真相

我把谎言分为三类：以无尽的重复掩盖事实真相的戈培尔式谎言；以真假参半的方式来获得最佳欺骗效果的萨哈夫式谎言；以爱心为旨归、以缓解痛苦为目的的圭多式谎言。

强权专制的准则是动物性的丛林法则。丛林法则的市场残存于人性中最阴暗、最隐秘的部分。这个部分往往要装得冠冕堂皇——这一事实说明即使是最肆无忌惮的厚黑信奉者也不得不敬畏真相，不得不承认人性的力量大于兽性的力量。戈培尔的种族优越论，是以连篇累牍的宣传和以真相掩盖假象的手段来掩人耳目，愚人心智，并进而达到摧残专政对象的肉体和灵魂的目的。

圭多式谎言则让我想起柏拉图在《理想国》中假托苏格拉底之口而表述的美丽谎言。在法西斯的铁与血面前，幼小的约书亚的心智还没有发育到足以接受这一残酷现实的程度。狰狞的嘴脸、恶毒的吆喝，在圭多的掩饰下，成了约书亚赢取真坦克的游戏。黑暗本就多到人们看不见的地步，人生本就是一个荒诞、悖谬的存在，集中营鸟笼似的床铺越发凸显意识形态对脆弱人性的拨弄，约书亚童真稚纯的眼神越发让人痛心于邪恶力量的强大。

在残暴恣睢、人性泯灭的疯狂面前，圭多并没有被目不忍视、耳不忍闻的残酷真相所击倒，他以他的无边的爱心和意志力量营造一个童话，这个童话使约书亚的视域不被血腥屠杀占据——爱的力量何等神奇！如果说这个残破的世界还有什么最值得珍惜，那么只有爱是引领我们走出暗黑泥沼的指路星辰；如果说人生苦弱，无依无靠，那么只有爱是我们祛除心魔的力量源泉！

二、光明与黑暗

《美丽人生》片长 110 多分钟，以多拉和她的妈妈看到室内一片狼藉亦即圭多和约书亚被塞进汽车、关进集中营为界，前后各约 55 分钟。前半部光明、和谐，尽管有阴影和杂音；后半部幽暗、恐怖，却以美军士兵年轻灿烂的笑容，多拉和约书亚母子二人的拥吻欢笑，以及“我们赢了”的欢呼声收场。从这个意义上说，《美丽人生》是一个诠释光明战胜黑暗的寓言。

动物有趋光的本能，普罗米修斯的神话故事，阿拉丁神灯的动人传说，这些都表明光明是人必不可少的，也表明黑暗的无处不在。

“一支小小的蜡烛，它的光照耀得多么远！一件善事也正像这支蜡烛一样，在这罪恶的世界上发出广大的光辉。”（莎士比亚《威尼斯商人》）由此看来，光明天然地与良善结盟，天然地与罪恶为敌。良善的力量看似柔弱，却也是不可战胜的：别看桃偶登场、鸡虫得意，他们对光明和良善其实心存忌惮，不得不披上善良的外衣。即使是最邪恶、最阴暗的力量，也要以华美的言辞、崇高的目的来蛊惑人心，引出人性中疯狂的一面。如果光明和善良只是可望而不可即的彩虹，只是人们用来充饥的画饼，那人性就会被兽性掏空，永远没有可能向灵性靠近。美军士兵驾驶着坦克在约书亚面前停下（这一画面令人心痛），见证了人类理性的力量和自由的理念至少可以战胜那些自称是最优秀的种族和自认真理在握的铁幕帝国！尽管正义和光明所代表的理性从来不曾自我标榜、事实上也不具备战无不胜的能力，却已经、正在并将要战胜那些自诩战无不胜的主义、思想、理论。假设不是这样，那么纳粹的万字旗仍将高高飘扬，集中营的焚尸炉仍将黑烟滚滚，一个又一个“9·11”将被制造，布隆迪的娃娃兵将仍被驱遣到战场上去充当炮灰——一句话：人性将蜕变为在墙角吱吱乱叫的老鼠和咝咝吐芯的毒蛇。

光明、正义、自由、善良具有天然的强大力量！让我们记住这一句话：与其诅咒黑暗，不如点燃光明！

三、悲剧和喜剧

很难用喜剧或悲剧来界定《美丽人生》，优秀的作品往往能打破二者之间的界限。在喜剧的氛围下表达悲剧的情调，在亦喜亦悲之中颠覆死亡的威胁，溶解人生的荒谬，省视绝望的虚妄，不能不说需要极大的勇气和极高的智慧。《西游记》《堂吉诃德》里有这种智慧，《美丽人生》《药》里有这种勇气。

构成悲剧的要素有崇高、死亡、毁灭、恐怖，构成喜剧的要素有悖谬、荒诞、倒错、乖讹。这些要素在《美丽人生》中都可以找到，并且如盐在水，难分彼此。

崇高的爱情让多拉蹈死不顾，浓浓的父爱让圭多视死亡如无物。死亡的恐惧如同盘旋在上空的秃鹫，随时会俯冲而下。面对不期而至或是如期而至的死亡，我们能做的似乎只是做出选择：以何种态度赴死。苏格拉底、嵇康、哈姆雷特、葛利高里、莫尔索都以自己独特的方式给我们以启发。圭多以朝儿子扮怪相和夸张的正步走，抹去死神唇边黑色的狞笑。作为圭多和多拉的爱情见证的奥芬巴赫的轻歌剧，也成为死亡集中营里消解恐惧、传递爱心、表达信念的手段。即使是作为纳粹一员的德国医生，也把与圭多猜谜当作矫正悖逆、摆脱邪恶控制的一种方式。

亚平宁半岛的阳光和芳草，圭多特有的语速和神情，多拉的雅致和勇气，约书亚的纯真和童趣，这些人性的力量一起用力，在与非人性的法西斯“拔河”，抗拒着诞妄、荒谬的力量对人性的扭曲和真善美的抹杀。当圭多以自己的耳朵和肚脐表面上在证明、实际上在证伪种族的优越性，当校长一本正经地与老师讨论消灭残疾人士可以节省多少钱的算术题，当圭多骑着那匹被涂成绿色的马驮走勇敢的多拉，我们感受到违情悖理、乖张刺戾的荒唐可笑，也在体验崇高之美的无与伦比的力量。

与悲剧和喜剧形成对立的是闹剧和丑剧。闹剧和丑剧总是试图把违反真善美的和谐准则的东西表现得冠冕堂皇，塑造得永远正确，描绘得神采奕奕。然而一不小心，麒麟皮下的马脚还是露了出来。

把人生有价值的东西毁灭给人看，这是悲剧的强大力量之所在，也让人们在接受艺术熏陶的同时，更加珍惜美好的有价值的东西；将那无价值的东西撕破给人看，这是喜剧受人欢迎的原因所在，也让人们摒弃乖谬、错讹、丑陋、虚假，从而抵达真善美的境界。

《死亡诗社》：诗歌和死亡引导我们前行

哲学是死亡的练习。

——柏拉图

20世纪50年代，美国一所旨在把学生送进名校的、有着悠久传统的高中，新来了一位毕业于牛津大学的基廷老师。他以他全新的授课方式、对艺术的独到理解、对传统的突破、对教育的无限热爱，带领一批风华正茂的高二男孩体会诗歌的内涵，探求内心世界，寻找精神寄托。学生们在他的感染下，成立了“死亡诗人俱乐部”，希望在繁重的课业之余找到真正的自己。但不幸的是，基廷老师的授课方式先是遭到校长隐约其辞的批评；后来学生尼尔因为痴迷于表演，却被一心希望他考名牌大学医学专业的父亲逼得用手枪自戕；最后基廷老师被迫离开学校，学生们则以站上课桌这种充满叛逆精神的方式，表达对基廷老师的依依不舍和对校长的不满。

《死亡诗社》这部电影提出了一个形而上的问题：人的物质性追求和

精神性追求之间的关系。一个完整的人，一个真正的人，除了努力追求尽可能丰裕的物质生活外，更应该追求灵魂的皈依，更应该有丰富的精神活动——这样的生活才算得上是有着丰富想法的人的真正的生活。从这一点上讲，“诗意地栖居在大地上”不是陶渊明和荷尔德林的专利，而是每一个人不可剥夺的权利和永恒的追求；诗歌不是生活的点缀，而是生活的必需；诗歌不是获取高分的手段，而是人的丰富性的标尺；诗歌不是附庸风雅者的专属品，而是反映人的本真追求的心声；诗歌不是冷冰冰的坐标系上的理性思维，而是充满灵性的率性而为；诗歌不是教科书上博士的科学描述，而是黑暗洞穴中萨克斯的清亮演奏；诗歌不是通往哈佛大门的敲门砖，而是“卡匹迪恩”（拉丁语，意为珍惜生命）的深情召唤；诗歌不是在水泥森林压迫下的无病呻吟，而是内心世界对自由和幸福的无限神往；诗歌不是在“教主”蛊惑下的亢奋口号，而是对施魅的坚决抵抗。

《死亡诗社》还引导我们去思考一个更加严肃的问题：死亡。基廷老师对死亡有一个非常直观的描述：“我们都是蛆虫的食物。”当时基廷老师带领学生来到学校的陈列室，指着照片上一个个毕业的校友对学生说了这样一句意味深长的话。后来，他又以“卡匹迪恩”再次提醒学生珍惜生命，享受生命中的灵性的迸发，体会思考带给人的尊严，触摸诗歌的生命律动。其实，在一个有精神追求的人看来，在有信仰背景的人的眼里，死亡并不是一件多么可怕的事情，并不是一个需要回避的问题，而是一个让人体会生命之珍贵的终极坐标。

死亡的本质是什么？这里不妨引述先哲的经典论述，来帮助我们认识死亡。

老子说：“出生入死。”

庄子说：“以生为丧也，以死为反也（“反”同“返”）。”

毕达哥拉斯说："死亡是灵魂的暂时解脱。"

赫拉克利特说："死亡很平常，它就是我们醒时所看见的一切。"

德谟克利特说："死亡是自然之身的解体。"

柏拉图说："哲学是死亡的练习。"

弗洛伊德说："死亡是人的一种本能。"

海德格尔说："预谋死亡即预谋自由，向死而在是人的自由原则。"

萨特说："死亡是偶然的事实。"

有所依恃、有所信仰的人，他们的灵魂是坚强的：死亡是他们的最终倚靠，朽坏的肉身不过是他们暂时寄托灵魂的寓所——如同陶罐打碎时，罐中的水回归大地，化育万物，升入空中，循环不息。正是在这个意义上，这支仿拟的偈子可以解释他们的无畏和智慧："无立足境，方为化境。臻此化境，方为干净。"

"向死而在"是一个充满悖谬色彩的说法，就像宇宙以"无中生有"的形式呈现其物质性一面那样。"向死而在"的悖谬色彩不是这个说法本身的悖谬，而是由人的存在的悖谬性所决定的。试想一下：人的肉体的有限性和人的灵魂的无限性，怎么可能同时并存于一个人的身上？然而造物主却偏偏把这二者调和为一体——最不可能的事情偏偏发生了。于是，同样是不可能的说法——"向死而生"也顺理成章地成为人最根本的依托，成为此岸世界与彼岸世界的津梁。

回避死亡、讳言死亡则是一种胆小怯懦的心态的流露。对形而下的执着和对形而上的漠视如同人的正面和背面，对死亡的恐惧成为最大的恐惧。这种恐惧使得真善美与我们渐行渐远。

《死亡诗社》又被译成《春风化雨》，这是死亡恐惧的一种体现吧？

艺术和哲学的天职就是关注人类最根本的焦虑，就是探究人类如何抵达幸福和自由，就是挖掘人类天性中的最高智慧，就是探讨如何克服死亡恐惧给人的心灵造成的戕害。

死亡——“向死而在”的揭示者；

诗社——“诗意栖居”的引导者。

跟随帕慕克，掠过奥斯曼

——《我的名字叫红》阅读笔记

这是一个有关彰显自我的力量和泯灭自我的力量之间相互搏杀的故事。

这是一个有关张扬风格的力量和扼杀风格的力量之间相互较量的故事。

这是一个有关试图创新的力量和阻遏创新的力量之间相互纠斗的故事。

这是一个有关开放心灵的力量和锢蔽心灵的力量之间相互撕扯的故事。

这是一个有关本土文明的力量和异域文明的力量之间相互撞击的故事。

继 2001 年奈保尔、2003 年库切获得诺贝尔文学奖之后，2006 年诺贝尔文学奖又被颁发给土耳其作家奥尔罕·帕慕克，这一趋势显示出文明的冲突和融合再次引起人们的强烈关注。本文试图以帕慕克的长篇小说《我的名字叫红》为例，解读文明的冲突和融合。

一、第一人称：叙述者与参与者

本来这是一部与细密画相关的小说，但我却不由自主地想到交响乐：

小说中的人物一个一个纷纷发出自己独特的声音，甚至一条狗、一匹马、一棵树、一枚金币，甚至死人、死亡、魔鬼撒旦也在众声喧哗中独抒己见，犹如每样乐器十分顽强地想在音乐中表明自己的存在。交响乐的指挥者应该留给其中的一节，就是与书名相同的一节——“我的名字叫红”。这一节是细密画家所用的重要颜色“红”的独白。“红”的叙述是饶有意味的：“生命从我开始，又回归于我。”“炙热，强壮”“饱满，强劲，有活力”的“我身为红色有多么的幸福”，“任何地方只要有我，就会看见眼睛发亮，热情奔腾，眉毛扬起，心跳加速”。奥尔罕·帕慕克把这个仅仅出现一次的章节题目（而有些题目则反复出现）作为整部小说的题目，显而易见是以红色所代表的强劲的生命力作为这部小说的叙述主题。从这一点上说，红作为炙热、强壮的生命力的象征，担当起交响乐队的指挥是理所当然的。因此，可以把这部小说理解为关于生命——肉身意义上的生命和灵魂意义上的生命——的一曲颂歌。

循着这一思路，我们似乎可以把第一小提琴手的位子留给黑。这个执着于爱情的人，纵然是在波斯帝国的土地上饱经风霜，纵然是十二年后“痛苦地察觉我早已如此这般地把我的恋人的容颜忘却了”，也不能磨灭掉他对姨表妹谢库瑞的刻骨铭心的爱。正是这种人世间最美好的情感支撑着他“走遍波斯国那广袤无垠的大草原，积雪覆盖的山脉，哀伤忧愁的城市”，“在这段道德沦丧、物价飞涨、谋杀和抢劫盛行的时期”，重新回到伊斯坦布尔，寻找自己生命中的另一半。爱情——作为生命力中最具活力的部分——就是这样为生命的彰显和萌动而演奏着最为动人的乐章。

生命力最为突出的表现是主体意识的凸现，主体意识最为直接的表现形式是以第一人称的方式命名这个世界，于是奥尔罕·帕慕克选择了第一人称这一叙述策略。故事的叙述者同时是故事的参与者和见证者：每一次惊心动魄的谋杀，每一次关于风格的争论和纠葛，每一次刻骨铭心的感情的悸动，每一次活动背后的阴影的笼罩，挥之不去的有关凶手的猜测，死亡气息的浓重和生命意志的不屈，权力意志对生命力的遏阻……所有情节都以第一人称叙述，不由得使读者产生身处现场的感觉，从而使得小说极其富有张力。时间和空间的隔离在这里根本不构成读者参与小说叙述的障碍。

其实，就算是死亡，就算是死人，在奥尔罕·帕慕克的眼里，在有神论者的眼里，在相信肉身不过是灵魂的暂居地的人的眼里，也因为有了灵魂的存在而变得不那么可怕，反而使得死亡成为生命的另一种存在方式。肉身的腐朽根本不是生命意志缺失的标志。死亡的常态是恐惧，然而也可以以另一种方式存在："当死亡的天使化为人形，伸长手臂攫取尘世生命已终结之人的灵魂后，周身会有一道如同阳光般的光芒萦绕着。"

生命意志的张扬和主体意识的萌生，二者融合就有了"我的名字叫红"这一章节，也成为这部小说的主题。

东方，亚细亚的东方，多灾多难的东方，与暴虐凶残、专制集权相生相伴的东方，并不总是被先发文明发现和命名的东方，并不总是被书写、被当成发思古之幽情的东方，并不总是被修昔底德记载的东方，并不总是被叶芝的《驶向拜占庭》抒情的东方——至少《我的名字叫红》在努力地自己叙述自己，自己给自己命名。

二、风格之争：张扬与扼杀

不论是东方还是西方，不论是细密画还是威尼斯画，不论是中国画还是法兰克画，不论是美术还是音乐或是其他的艺术，风格是艺术作品得以存在的最基本的前提，是艺术家的生命之所在。

纵观西方美术史，与小说中的姨父大人所处的16世纪在时间上较接近的画家及作品有以下这些。

皮埃罗·弗朗西斯科（约1420—1492）的《基督受洗礼》，乔凡尼·贝利尼（1430—1516）的《照镜子的妇人》《众神聚宴》，安德烈亚·曼特尼亚（1431—1506）的《胜利花园》《哀悼基督》，桑德罗·波提切利（1445—1510）的《维纳斯的诞生》《诽谤》《圣母子与吟唱天使》，彼得罗·佩鲁吉诺（1450—1523）的《阿波罗和玛息阿》《爱欲和纯洁的战斗》，米开朗基罗·博那罗蒂（1475—1564）的《创造亚当》《逐出伊甸园》《最后的审判》。

还有乔尔乔内（1477—1510），威尼斯画派的代表画家，其画作《暴风雨》表现山雨欲来，溪水林木浸润着奇妙的光与色的景象；提香·韦切利奥（约1490—1576），威尼斯画派的代表画家，代表作为《酒神的狂欢》。

特别要说的是列奥纳多·达·芬奇（1452—1519）。在《最后的晚餐》中，他综合运用透视、明暗和构图等技法，熔铸为这幅精美绝伦的集大成之作。在《抱貂女郎》中，画家用光线和阴影衬托出切奇利亚优雅的头颅和柔美的脸庞，怀中抱着的毛色光润、形态逼真的白貂使画面生动起来。在《丽达与鹅》中，画面背景有深度感，远山、村落、河流与前景开满鲜花的草地相呼应，体现出画家对人生和大自然采取赞美和讴歌的态度。

尤其值得一提的是罗伯特·康宾（约1378—1444）。他深受细密画的影响。在《基督诞生》这幅画中，康宾似乎只思考宇宙的和谐，因而画面上的各种道具都各自独立而缺少纵深的空间感；他很注意远处的景物，不重视近处事物的真实感，所以近处的细节不如远处的清晰，与人们的视觉规律相悖。对于他来说，画上事物不论远近，都是可观的；至于焦点视差等，他一概不予考虑。

我在欣赏这些美术作品的过程中，一个突出的感受是，这些艺术巨匠们致力于表现人的尊严和光辉，或者是人的卑劣和贪婪；即使是以神话和宗教为题材，也在挖掘人性的温馨、自然的美好方面不遗余力。帝王将相、才子佳人不再是画家表现的重点，神话、宗教人物可能是以一个十分市民化的人物为模特儿（这一点在《我的名字叫红》里曾经被提及）。简而言之，文艺复兴时期的艺术巨匠们借神话和宗教之外衣，传达人性觉醒之宗旨。

再来看细密画的题材。这是姨父大人在被谋杀前对凶手橄榄先生的一席话：

你难道没有从你的受害者、死去的高雅先生身上学到，人们是多么害怕被视为法兰克人的模仿者吗？即使人们勇敢地去尝试学习他们的绘画，结果还是一样的。到最后，我们的风格会渐渐失传，我们的颜色会慢慢褪去。没有人会在乎我们的书本和图画，而那些稍感兴趣的人，也要么是一无所知，噘起嘴问，为什么画中没有透视画法，要么他们根本找不到这些书本。对之不感兴趣、时间和灾难将渐渐地摧毁我们的绘画。装订用的阿拉伯胶水含有鱼、蜂蜜和骨头，书页表面则是用蛋白和糨糊混成的涂料上胶打亮，因而贪婪无耻的老鼠会咬坏这些纸张，白蚁、蛀虫等千百种虫子将把我们的书本啃得精光。书册会散开，书页会掉落。妇女们会拿它们来点炉火，盗贼、漫不经心的用人和孩童会残酷地撕下图画及书页。年幼的王子会拿玩具笔在插画上乱涂乱画，会在上面戳孔，会用来擦鼻涕，拿黑墨水在页缘空白处涂鸦；那些时不时说这是罪孽的人们则会把所有的内容都抹黑，他们会撕下或剪掉我们的图画，或许用在别的图画中，或是拿来玩游戏娱乐。……苏丹陛下的祖父胜利地攻上敌人城堡时耐心地等待在一旁的异教徒们被砍下的脑袋；当异教徒的使节亲吻苏丹陛下曾祖父的脚时，出现在其身后的、年轻时你也曾经一起画的所有大炮、枪支、帐篷；有角没角的、有尾巴没尾巴的、尖牙利爪的各种魔鬼；包括无所不知的戴胜鸟、飞雀、无知的鸢和歌唱的夜莺在内的上万种鸟类；安静的猫，躁动的狗，翻腾的云朵；重复出现在千万幅画中的精致花草；拙劣的阴影笼罩着的岩石和每一片叶子都以先知的耐性一片片画出的柏树、梧桐树、石榴树；以帖木儿或塔赫玛斯普王时代的皇宫为范本用以修饰更古老故事的宫殿以及千万块砖瓦；成千上万个忧郁的王子，在开花的春树下，在鲜艳的花海间，坐在一块漂亮的地毯上，聆听着美丽的女人与男孩们吹奏的音乐；图画中各种精美的瓷器与地毯，归功于过去一百五十年来从撒马尔罕到伊斯坦布尔，成千上万个插画学徒在鞭打责骂下的努力；如今你仍以同样的激情所画的美丽花园和游弋在其中的鸢，你笔下令人难以置信的战争和死亡场景、机智地狩猎中的苏丹、同样机智地逃窜着的胆小羚羊、垂死的君王、被俘的敌人、异教徒的帆船舰队、敌人的城市以及你笔下流出的像黑屋脊一样莹莹闪烁的黑夜、繁星，鬼魅般的柏树和你用殷红渲染出的爱与死亡的画面，这一切的一切，都终将灰飞烟灭……①

从这一大段对细密画题材的描述中，我们似乎可以看到细密画的主旨以君王为核心，战争成为细密画的主要表现内容，而民众和自然不过是成为增添君王威仪的点缀，或者是成为君王征伐攻占的炮灰。这里只有君王有着无上的尊严，其他人物的尊严都荡然无存。

在如何看待风格的问题上，凶手橄榄亦即波斯人威利江先生却“相信风格是一位画家有别于他人的一种瑕疵，而不是如有些人声称的，是个性”，

① 奥尔罕·帕慕克．我的名字叫红［M］．沈志兴，译．上海：上海人民出版社，2016.

甚而至于认为“拥有风格比身为一个杀人凶手更大逆不道”。在这种疯狂的念头下，他杀死了在他看来是大逆不道的高雅先生，因为高雅先生这位细密画镀金师帮助姨父大人绘制具有威尼斯画派风格的苏丹画像。威尼斯画派的阴影、焦点、透视法等彰显自我风格的画法对姨父大人和高雅先生有巨大的吸引力，甚至对苏丹陛下也有一定的吸引力。就此而言，伊斯坦布尔这座东西方之间的桥梁城市有更多的理由承担起融合东西方文明的责任。如果波斯人威利江先生不是以这种偏执狂的心理看待风格和变化、借鉴和融合，那么东西方的融合是否会以和平的方式而不是暴烈的方式进行呢？如果埃尔祖鲁姆的胡斯莱特教长及其教徒，对他们心目中的异教徒的新奇做法保持一种相对平和的心态，那么教派冲突和谋杀是否会尽可能消弭呢？

吊诡的是，这个视风格为仇雠的波斯人威利江先生自身的做法本来就极具风格——虽然是一种疯狂、极端的风格。更为讽刺的是，最后暴露他凶手身份的是他画马的风格。正是他的独异之处，使得他暴露于奥斯曼大师的锐利眼睛之下。橄榄先生最后以他的身首异处为他的狂热做了一个证伪。然而，这种悖论的困境丝毫不能对那些自以为是的狂热之徒起到警醒的作用。众多自以为真理在手的人往往喜欢置对手于死地，众多以为自己的信仰才是真正与神灵相通的信徒，往往把其他信仰称作异端；而那些对人类理性的局限性保持清醒认识的人，则往往能以宽容态度对待其他学说和信仰。

三、画家之死：创新与固守

这部小说三线齐头并进：凶手谋杀画家和众人寻找凶手是最为显性的线索，细密画家为苏丹陛下制作肖像画是推动情节发展的因素，黑与谢库瑞的爱情故事是最温馨的部分。毫无疑问，黑这个人物在这几条线索中处于贯穿经纬的作用。正因为此，我把黑称作第一小提琴手。

作为文明中最为敏锐的部分，艺术特别是绘画最能见出一个民族的灵性和创造性。当然，这种灵性和创造性并不能在一个永远自足的封闭体系内发育成熟，而要在一种动态的交流中才能达到充满活力的状态。人类文明的巅峰——古希腊文明以米诺斯文明为根基，吸收埃及文明、苏美尔-阿卡德文明和腓尼基文明的精华部分，形成了人类文明的核心部分——理性文明。希伯来文明的神性精神为人类的理性文明灌注灵性，从而牵引着人类文明，使其提升到一个向神性无限靠拢的境界。

不能说威尼斯画派一定比细密画低劣，当然也不能说细密画就是绘画艺术的顶点，是传达真主意志的唯一艺术形式，其他画派就是不可接受的异端。任何艺术流派，一旦到了一种自诩最高、排斥其他艺术样式、拒绝接受其他艺术滋养的地步，那么不光是在艺术上陷入故步自封、难以丰富多样的泥淖，在思维方式和行为方式上，也将进入一种唯我独尊的偏执。悲哀的是，波斯人威利江先生以净化细密画、清除异端的浸染为借口，残杀高雅先生和姨父大人，似乎在印证文明的故步自封首先就是从艺术上的排斥异端开始。过去和现在的事实表明，刚愎自用、真理在握的思维方式转化为行为方式，将以肉体的殄灭和心灵的锢蔽为代价，书写一曲文明殄灭的悲歌。

四、幽暗洞穴：开放与锢蔽

故事所发生的时空背景被奥尔罕·帕慕克定义为“在这段道德沦丧、物价飞涨、谋杀和抢劫盛行的时期”的一个“哀伤忧愁的城市”。这就是厚古薄今的人们眼里的16世纪，这就是像蝴蝶一样要努力挣脱外壳束缚的波斯和奥斯曼土耳其民众的物理空间和心理空间。宗教此时对人的灵魂的牵引力似乎逊色于对人的心灵所产生的束缚、对人的行为的限制。这种束缚和限制既是伊斯兰世界的问题，也是基督教世界的问题，更是理学世界的问题。16 世纪前后的东方和西方，都在本民族先知的引导下，奋力挣脱羁绊，摆脱蒙昧状态，扫除王权迷雾，廓清神权妖氛，为人的尊严、人的幸福而发起一场旷日持久的战争。基督教世界的但丁是告别中世纪、开启文艺复兴的第一人——那是一个需要伟人并产生了伟人的时代，其后的达·芬奇、米开朗基罗、拉斐尔、拉伯雷、薄伽丘、弥尔顿、塞万提斯、莎士比亚……都是站在与王权和神权作战最前沿的先知和勇士。理学世界的关汉卿、王实甫、马致远、白朴、张养浩、睢景臣、吴承恩、徐渭、李贽、汤显祖、王阳明、王夫之、黄宗羲、顾炎武、颜元、戴震、龚自珍……也在为打破“儒学—儒教—理学”的三位一体的茧壳而做着异常艰苦的斗争。

相比而言，伊斯兰世界的思想解放先驱则主要产生于 19 世纪。有印度伊斯兰现代主义的创始人赛义德·阿赫默德汗，有伊斯兰宗教与社会改革家哲马鲁丁·阿富汗尼，有阿拉伯诗歌王子艾哈迈德·邵基……就我狭隘的视野来看，这些先驱的影响似乎仅仅局限于伊斯兰世界。当然，伊斯兰世界伟大的政治家、“土耳其之父”凯末尔为伊斯兰世界带来了第一缕曙光，为亚洲大陆摆脱黑暗颟顸的专制集权开了一个头，也为埋葬蒙昧蛮横的政教合一型政体模式提供了一个范例。

如果说现实的世界里伊斯兰先驱出现得有些迟，那么在虚拟的艺术世界则可以找到与但丁和关汉卿大体同时代的伊斯兰世界的先驱：这就是姨父大人和高雅先生以及苏丹陛下。虽然他们所要进行的艺术手法上的借鉴和创新不能与思想的解放和启蒙等同，但这毕竟是解放和启蒙的前提。曾经作为使节到过威尼斯的姨父大人，想必对那些异教徒的物质生活和精神生活特别是艺术创新能力有着深刻印象，并且极有可能向苏丹陛下介绍过这些情况，使得苏丹陛下不再满足于细密画的画法，要求姨父大人秘密制作具有威尼斯画派风格的苏丹陛下肖像。姨父大人后来找来高雅先生、橄榄先生、鹳鸟先生、蝴蝶先生合力完成这幅肖像。橄榄先生以他的敏锐的嗅觉察觉到绘制这幅肖像画的异端色彩，首先干掉了高雅先生，后来又残忍地杀害了姨父大人。这就是发生在那个幽暗洞穴里的杀害创造者的故事。裹足不前、畏惧创新就这样扼杀掉哪怕是一丁点创造的苗头，因循守旧成为行为和思维的一种常态。

作为基督教世界的一种永不停息、不懈追求的浮士德精神，则是另一种常态：

“如果我对某一瞬间说：/停一停吧！你真美丽！/那时就给我套上枷锁，/那时我也情愿毁灭！”

“我一停滞，就变成奴隶。”

“人类的活动劲头过于容易放松，/他们往往喜爱绝对的安闲；/因此我要给他们弄个同伴，/刺激之，鼓舞之，干他恶魔的活动。”①

不难看出，人的精神世界的两个极端在“橄榄（威利江）精神”和浮士德精神里得到体现，锢蔽与开放也就成为亚欧大陆上的不同主题。

五、走出晦暗：告别中世纪

其实，各大文明在起跑点上，虽有产生时间上的先后，却没有绝对的高下之分。早期的血腥和蒙昧似乎是各大文明的共性。处于亚欧大陆交汇点上的伊斯坦布尔，因为其地理上的因素，经历着更多的苦难，经受着更多的撞击，见证着更多的迷惘。这个地方从东罗马帝国（拜占庭帝国）的

① 歌德．浮士德［M］．钱春绮，译．上海：上海译文出版社，2013.

首都君士坦丁堡，一变而为突厥人建立的奥斯曼帝国的首都伊斯坦布尔，就越来越东方化，越来越伊斯兰化。随着东方化的程度越来越深，早先东罗马帝国所遗留下来的西方色彩越来越淡，而东方化的专制集权色彩越来越浓，最终在与西方世界的对垒中败下阵来，以至于横跨亚欧非的奥斯曼帝国成为“西亚病夫”，并进而被列强豆剖瓜分。如果没有凯末尔的去东方化和世俗化的努力，我们是难以看到土耳其作为伊斯兰现代化楷模的腾飞的。

严格的教条并不能使人的灵魂得到净化。《我的名字叫红》中写到两个海达里耶苦修派教士的堕落，写到埃尔祖鲁姆的疯狂教徒嗜杀成性……这些细节提醒我们：开放而不是禁锢才是净化心灵的不二之选。

中世纪不仅仅是一个时间概念，而且是一种认知方式、一种情感方式、一种话语方式。

在人的生命力的作用下，在主体意识不断得到强化的状态下，在净化灵魂的力量的牵引下，人们走出黑暗中世纪的步伐会越来越快吗？

石头：作为叛逆和幻灭的表象

——对孙悟空和贾宝玉的一种解读

是无意的巧合还是有意的传承，这的确是个问题：在吴承恩和曹雪芹的笔下，孙悟空和贾宝玉的原身都是冷硬奇崛、冥顽不灵的石头——而石头则是无根无蒂、了无生命的象征，是叛逆乖谬、违情悖理的隐喻。《西游记》里的石头充满神异色彩：“那座山正当顶上，有一块仙石。……盖自开辟以来，每受天真地秀，日精月华，感之既久，遂有灵通之意。内育仙胞，一日迸裂，产一石卵，似圆球样大。因见风，化作一个石猴。五官俱备，四肢皆全。”显而易见，孙悟空的无所依傍、无所附丽是天生而成的。《红楼梦》这样描述叛逆、乖谬的贾宝玉：“无故寻愁觅恨，有时似傻如狂。纵然生得好皮囊，腹内原来草莽。潦倒不通世务，愚顽怕读文章。行为偏僻性乖张，那管世人诽谤！”“富贵不知乐业，贫穷难耐凄凉。可怜辜负好韶光，于国于家无望。天下无能第一，古今不肖无双。寄言纨绔与膏粱：莫效此儿形状！”寻绎浸透了民族精神、文化内蕴的孙悟空、贾宝玉的来龙去脉、立身行事，正是本文旨归之所在。

一、无根无蒂的原身

虽然悟空具猢狲之肉身，宝玉乃侯门之贵胄，但他们的原身都是“傲骨如君世已奇，嶙峋更见此支离”（敦敏《题芹圃画石》）的石头。为什么独独选中石头作他们的原身？曹雪芹在所绘石头上自题诗云：“爱此一拳石，玲珑出自然。溯源应太古，堕世又何年？有志归完璞，无才去补天。不求邀众赏，潇洒做顽仙。”看来石头与生俱来的遗世独立、潇洒自然，正是独具慧眼的吴承恩、曹雪芹歆羡不已并化而为文的原因。正是在这一点上，作为“石兄”之表征的悟空和宝玉表现出与主流文化格格不入的一些特质，并被视为异数、另类、混世魔王，以致“世人皆欲杀”；正是在这一点上，两位“石兄”表现出与儒、墨、道、法、释等流派截然不同的文化特质。这种特质与祢衡、嵇康、徐渭、李贽、鲁迅庶几近之：之所以说庶几近之而不说非常相近，是因为在别出机杼、决绝果毅上，两位“石兄”比上述诸贤更彻底、坚决——还有什么比了无生命、冷硬嶙峋的石头的拒绝姿态更彻底？还有什么比无根无蒂、无源无本的石头的拒绝姿态更为坚决？从这个意义上说，“石兄”可以与挣脱父权羁绊、摆脱王权束缚的俄狄浦斯相比拟；而“横站”着应付四面八方的如蝗飞矢的鲁迅，在以深厚的文化底蕴为依托、以优秀的外来文化为奥援上，显然比“石兄”要多一份自信，少一份惶惑。

我们从何处来？我们是谁？我们往何处去？——追问文化来源，寻找未来出路，从来就是人类的天性。无论是看似与世无争实则教人服服帖帖的黄老之学，抑或是看似忠孝节义、温柔敦厚实则“为王前驱”的孔孟之学，还是积极出谋献策的法、术、势，总让人依稀看到战战兢兢、汗不敢出的读书人，匍匐在皇帝的脚下，大气都不敢出。对“势”的无可置疑的先验性的认可，意味着对逻各斯的抛弃、对理性思考的蔑视、对特立独行的双重虐杀。于是甘心或被迫装糊涂，汲汲于功名，孜孜于利禄；于是“卑鄙是卑鄙者的通行证，高尚是高尚者的墓志铭”。而对与“势”相对立的另一个重要概念“道”的言说，则是各说各的话，各想各的拳经：你说“道在屎溺”，我说“道可道，非常道”；你说是方法、途径（“治世不一道，便国不必法古”），我说是技艺、技术（“凡有道者、有德者，使教焉”）；你说是宇宙万物来源的本体（“有物混成，先天地生……吾不知其名，字之曰道”），我说是事理规律（“夫舟浮于水，车转于陆，此自然道也”）；你说是政治主张、思想体系（“道不同，不相为谋”），我说是道德、道义（“得道者多助，失道者寡助”）；还有王道、霸道、棋道、门道、茶道、拳道甚至劲道、力道。对“道”的理解歧见纷出，再清楚不过地表明：“道”成了一个什么都能往里装的垃圾桶，人们完全是以一种庸俗的实用主义的态度来言说“道”、使用“道”，于是“道”的内涵和外延乱成一团麻，众多的言说成了自说自话、自言自语，因为双方完全没有共同的话语系统。正如黑格尔在《哲学史讲演录》中指出的那样：“道就是‘原始的理性，产生宇宙，主宰宇宙，就像精神支配身体那样’……但它的意思是很不明确的。”反映一个民族最高认知水平、思维水平的哲学却成了儿童手中的变形金刚。对宇宙万物、生命本真、人类社会秩序的探索尽付阙如，更多的是对尊卑、等级的强化，对蝇营狗苟的活命哲学的兴趣，对阴谋诡计的潜心研究，对祖先崇拜的重复，对施虐、受虐的描述，对主子鞭打奴才后留下的疤痕的赞美、摩挲、陶醉，对铁罐上“锈”出的桃花、霉菌“蒸”出的云霞的诗化礼赞。然而除了“贪淫乐祸，多杀多争，口舌凶场，是非恶海”，还有什么呢？除了“遍被华林”的“悲凉之雾”，还有什么呢？

除了“食尽鸟投林，落了片白茫茫大地真干净”，还有什么呢？除了“千红一窟（哭），万艳同杯（悲）”，还有什么呢？对这一根底有着再清醒不过认识的“石兄”，选择无根无蒂的石头作为自己的原身，这是无奈之举还是明智之举，实在是一件说不清道不明的事情。

二、叛“势”逆“道”的行止

叛逆不等于创新，但创新必有叛逆的勇气和怀疑的胆量，正如哲学家阿伯拉尔所说：“怀疑把我们引向研究，研究使我们认识真理。”我们不妨把怀疑和研究视为鸟之双翼、人之两足，如果只强调一个方面，甚而至于设置种种禁区，则无异于要断翅之鸟翱翔天宇，跛足之人健步如飞。从这个意义上说，亚里士多德、但丁、孟德斯鸠、安徒生、卡夫卡、鲁迅……在尖锐质问、高声呐喊、勇敢怀疑时，事实上是在补天，他们的努力使得文明有了“日益增强和日益积累的内部自决能力和自我表现能力”（汤因比语）。他们比其他人更敏锐地感受到既有文化的缺陷和弊端，并且口无遮拦地指出“皇帝其实什么也没穿”，或者诘问“从来如此，便对吗”。而民众对叛逆者惊世骇俗的见解，由拒不接受到容忍接纳，这样才能确保一种文明永葆活力。

惊世骇俗是悟空和宝玉横空出世的共同特点。这一特点虽然带有某种象征色彩，但在叛世逆俗这一点上，却不谋而合。悟空的出世直动天庭，玉皇大帝也为之惊诧不已；而宝玉也使得北静王久闻其名，朝野皆动。然而，如果没有后来一系列的语言和行动上的叛逆，他们天生异禀的意义也将趋近于零。

悟空在以其大胆、聪敏赢得猴王的位子后，度过了一段无忧无虑、无拘无束的快乐时光，然而有一天他却“忽然忧恼，堕下泪来”——他为生死问题而烦恼不安。在信奉“未知生，焉知死”的人看来，悟空的这一想法未免不着边际、漫漶迂阔，然而他却偏偏要放弃此岸的幸福，开始他对彼岸世界的追求。于是悟空访神学道（得道后，三教合一的菩提祖师不许他提及师父，他也从未言及。这一细节别有深意存焉：师承上的无根无蒂是行动上无拘无束的先决条件），闯入冥府，强销死籍。及至后来“官封弼马”，“名注齐天”，偷食蟠桃，搅乱天宫，蹬倒八卦炉，斗法如来佛：悟空把“叛逆”二字演绎得无以复加，诠释得淋漓尽致。但丁认为：“自由的第一原则就是意志的自由……意志的自由就是关于意志的自由判断。”从表面上看，悟空的叛逆似乎只是指向名位的高低，甚至还带有较多淘气好玩的色彩，但骨子里是对自己才干的自信，对自由不懈的追求——他要自己做自己的主，把自己安排得最好，对意志做出自由判断。然而玉帝主宰的世界是个根本不能让人对自己的意志做出自由判断的世界。为了维护天庭固有的秩序，玉帝以恐怖、屠杀、铁腕、黑幕来巩固自己的地位：他要杀掉悟空，严惩八戒、沙僧、小白龙。这里只有森严的等级、冷冰冰的秩序、冲天的杀气，看不出众神有什么幸福快乐可言。玉帝身上体现出来的品性，无非是伪善奸诈、欺瞒哄骗、色厉内荏、以强凌弱。玉帝先是准备遣将擒拿悟空，后来用弼马温这个官职稳住他，然后又是要“遣天兵擒拿此怪”；擒拿不得，则封他为齐天大圣，掌管蟠桃园；之后反反复复、来来往往，最终在如来的帮助下，才降服了悟空。玉帝只是凭自己的资历坐了第一把交椅，既缺好生向善的德行，也无降妖除魔的手段，更无知人善任的睿智。他所治下的天庭表面上秩序井然，实则一潭死水、了无生机，完全没有创造、和谐可言。小说写到悟空担任弼马温后，众监官安排酒席接风、贺喜时，有这一番介绍：“似堂尊到任之后，这等殷勤，喂得马肥，只落得道声‘好’字；如稍有些尪羸，还要见责；再十分伤损，还要罚赎问罪。”众监官的不满、怨恨显而易见、一目了然，悟空也不由得“心头火起，咬牙大怒”，“打出天门去了”。这种体制鼓励论资历、熬年头的做法，扼杀个性创造、新生事物、后起力量，确保既得利益者不受损害，形成一种封闭、静态的“分肥机制”，于是创造、活力也与这种机制渐行渐远。秉持“祖宗之法不可变”原则的玉皇大帝深谙此中玄机，十分清楚这种基于“兽”道而非“人”道的物质资源、精神资源和话语资源的分配方式对他最有利，因此不惜用屠戮、流放、严刑峻法等来维持这种秩序。越是如此，他的腐朽性就暴露得越是充分——天庭的萎靡无能、孱弱衰败在悟空的金箍棒下无所遁形，以至于玉皇大帝不得不求助于作为异质文化体现者的如来“收殄妖邪”，才算是平息了这场风波。

风波是平息了，悟空也被镇住了，玉帝和百工臣僚们又可以享受太平盛世的歌舞升平了，天庭却也再次失去了“内部自决能力和自我表现能力”。

如果说孙悟空主要是以自己的行为叛“势”，那么贾宝玉则主要是以自己的言语逆“道”。宝玉无限悲愤地洞悉“兽”道对女性虐杀的实质，并以“似傻如狂”的方式指出这一触目惊心的事实：最为柔弱、最少反抗性的女性就像草（绛珠仙草）那样处于食物链的最低层级，至高无上、威严显赫的皇帝如同老虎那样处于食物链的最高层级（“虎兔相逢大梦归”）。对女性肉体和精神的双重虐杀的正常化、合理化、合法化，成为论证现存秩序具有合理性、合法性的坐标原点，成为其他各种虐杀的先验性正确的证据，弱肉强食、恃强凌弱的“兽”道成为各种话语中的元语言。在那个“大荒”“无稽”的世界里，次弱者凌辱最弱者，强者凌辱次强者，超强者则赢者通吃，各式各样的凌辱、损害层出不穷，花样百出。与此同时，女性还承担着各式各样的罪名，承担着罪恶、无耻留下的不幸：“红颜祸水”“女人误国”“冲冠一怒为红颜”成为邪恶、下流的最好的挡箭牌；

实在不可收拾的时候，昭君、貂蝉、木兰、穆桂英们还要收拾残局。“对现存的统治秩序的服从，已然使个体的心理和思维结构与集体历史和客观世界的结构趋于协调一致……当被统治者习惯于用统治者的头脑思考时，实际上已经成了同谋，根本没有个人的行动纲领；即使有，最后也只能以放弃告终。”[①] 就这样人生代代无穷已，岁岁年年总相似，我们习惯了堕落，习惯了侮辱，习惯了损害，习惯了死亡。

正是看穿了这些触目惊心的事实，宝玉揭开了几千年来一直被遮掩得严严实实的黑幕：“女儿是水做的骨肉，男人是泥做的骨肉”“堂堂须眉，诚不若彼裙钗”。在女儿的世界里，还保有对“花谢花飞花满天”的怜惜叹惋，对诗情画意的痴迷钟情，对至性至情的执着追求。在女儿们的理想国和乌托邦的大观园里，活跃着一群多才多艺、多愁善感、钟灵毓秀的精灵们。与之形成鲜明对照的是宁荣二府里那些浊臭男子的下流、无耻、堕落、孱弱。他们极尽口腹耳目之欲，穷尽声色犬马之乐。游走于理想国和名利场之间的宝玉本就独具慧眼，他悲哀地见证了这两个世界的云泥之别——他以异乎寻常的清醒多次预言理想国的脆弱和短暂，不止一次地说要化成灰、化成烟，因为他非常清楚地知道，外部世界的毁灭能力有多强，由千千万万个禄蠹们形成的名利场就像一个黑洞一样，足以吞噬一切靠近它的事物。然而宝玉仍然愿意以自己无边的爱，温暖那些孤苦无依的女儿们，慰藉那些饱受摧残的女儿们，因为他本就来自青埂（情根）峰下：对女性的尊重就意味着对所有人的尊重，就意味着解开“虎—兔—草”这个食物链的死结。石头的冷硬无情和宝玉的无边柔情就这样合二为一。曹雪芹的这一“新人”形象所蕴含的博爱思想，似乎与同时代卢梭们的自由、平等、博爱遥相呼应。一方面是对至美、至纯、至情的女性美质的礼赞，

① 林贤治．大海那边［M］．贵阳：贵州人民出版社，2019.

另一方面是对浊臭、残忍、势利、淫恶的男性世界的批判。宝玉从根本上要确立女性与男性平等为人的地位，从而建构起抑制强者、扶助弱者的人道主义；如此独具慧眼，如此说论弘议，却落得世人皆谤、大承笞挞的结果，文化的自我更新能力由此可见一斑。

三、边缘、中心的演变

如果说孙悟空叛逆的出发点是对“势”的否定，那么其叛逆的落脚点则是对“势”的归依。这就是说悟空的取经历程完成了由边缘到中心的转变。这一转变过程是神性和反抗性逐渐消失、世俗性和妥协性逐渐增强的过程：“西游是一场史无前例的、寻找完美世界的长征。孙悟空最终被整合到这一由神佛一手操纵的乌托邦游戏中来，是这出戏最悲哀的地方。”[①]

我们先来看西游取经的出发点——希望引进更多的异质文化来激活本土文化，无论是外来文化的体现者如来、观音，还是本土文化的体现者唐太宗，以此为初衷，都是令人称许的。但“这一个宗教[②]把‘最高的’和‘绝对的’——上帝——认为是虚无，把鄙视个性、弃绝人生，当作是最完美的成就”[③]，如此一来，本土文化和外来文化在“鄙视个性”这一点上找到了契合点，产生了融合儒、道、释的“庄禅”思想。

在取经队伍中，唐僧是最具献身精神的虔诚者，然而细加琢磨，便令人不由得对他取经的形而上意义产生一些疑问。出发取经时，唐僧的表态和谈心颇能说明问题：“贫僧不才，愿效犬马之劳，与陛下求取真经，祈保我王江山永固。”“大抵是受王恩宠，不得不尽忠报国耳。我此去真是渺渺茫茫，吉凶难定。”从这话里看不出救万民于水火、渡黎民出苦海的

① 王怡．载满鹅的火车［M］．长沙：湖南美术出版社，2002.

② “这一个宗教”指佛教。

③ 黑格尔．历史哲学［M］．王造时，译．上海：上海书店出版社，2001.

意思，倒像是“文死谏，武死战”的另一种版本。后来他总爱自称御弟，也似乎表明唐僧以攀上阔亲戚为荣的心理。如此说来，唐僧对世俗王权顶礼膜拜的程度并不比红尘中人轻，取经的终极意义因此也要大打折扣。

孙悟空的西游历程更是意味深长。从唐僧揭去金字压帖起，悟空就有非常明确的现实利益的考虑。他知道“往西方拜佛，功成后自有好处”，也听得进龙王的劝告：“你若不保唐僧，不尽勤劳不受教诲，到底是个妖仙，休想得成正果。”虽然他后来还有回花果山去自由自在的想法和行为，但到底还是成为取经队伍中的中坚力量。一路降妖除魔，使他认识到后台力量的巨大好处，也愈发认识到得成正果的重要性。真正被悟空剪灭的妖魔很少，而且这些妖魔通常是没有背景和后台的“野狐禅”；大多数妖魔是佛界或道家的奴仆、坐骑、宠物，他们在法力上往往比悟空高，待悟空借助外力行将击杀妖魔时，法力无边、势力强大的靠山与悟空打个哈哈，就轻轻松松地领走了那些为非作歹的妖魔。在看穿了这套戏法的真相后，悟空已经完全失去了先前的疾恶如仇，不知不觉中认同了这一套游戏规则。悟空虽然也曾以半真半假的口吻表达过自己对佛魔一体的疑问：是菩萨变妖精，还是妖精变菩萨？然而对菩萨的质疑和轻慢逐渐消失。以悟空的颖悟，他应该看穿了佛界的恶浊、佛理的虚妄，但他不去深究这些，只是以执着取经这件事本身和修成正果作为自己的最高纲领，过程的意义、切身的利益和猴性的贪玩遮蔽了取经的终极色彩。特别耐人寻味的是，悟空上天入地，翻江倒海，成了一个左右逢源、得心应手、八面玲珑的能人。就这样，随着取经事业的发展，悟空完成了由边缘向中心的转变，在神、道、佛、仙、妖、魔共同搭建的平台上纵横驰骋、大有作为。他越来越喜欢上了西游取经这件事本身，并借此打通各路关节，结交各路神佛，卖下无边人情，留足无穷后路，为自己得成正果积攒下一份又一份本钱。先前大闹天宫图的是什么？不就是神通广大、左右逢源吗？在犯下弥天大罪之后，佛祖惩前毖后、治病救人，还给自己改过自新的机会，眼看即可跻身于精英阶层和上流社会，成为“分肥集团”中的一员，此生夫复何求？如果说在唐僧揭去金字压帖时，悟空跟随唐僧取经一半是感恩、一半是无奈的话，那么现在则是乐此不疲、心甘情愿、全心全意。如此说来，“释道联军”不仅在形体上收编悟空，而且在精神上使悟空屈服，显示出无与伦比的“黑洞”性质——即使是天生异禀、无根无蒂的孙悟空，也无法从这种魔力中逃逸出来。随着佛道世界行为准则的渐染，悟空的灵性被戕贼殆尽，再次上演了历史上相似的一幕。“这部历史，在大部分上还是非历史的，因为它只是重复着那终古相同的庄严的毁灭。那个新生的东西，凭借勇敢、力量、宽大，取得了先前的专制威仪所占的地位，随后却又走上了衰退的老圈子。这里所谓衰退，并不是真正的衰退，因为在这一切不息的变化中，还没有任何的进展。”① 由此我也悟出严复“觉今是而昨非”，狂人在收起狂性后即去候补赴任的原因了。

如果说孙悟空是个充满喜剧色彩的成功人士的话，那么贾宝玉则是一个不折不扣的悲剧人物。贾宝玉极力要摆脱的是那种众星捧月的中心地位，尽量地让自己与被边缘化的女儿们在一起，感受并分担她们的喜怒哀乐。他透过钟鸣鼎食、诗礼簪缨、花团锦簇、烈火烹油的表象，看到了无边苦厄、诡秘怪异正把一个个鲜活的生命逼向毁灭的境地。难怪他在听到“一年三百六十日，风刀霜剑严相逼”时为之心痛欲绝。他对身处的世界有着清醒的认识，因此他远离中心、走向边缘的努力是一种自觉的行为。远离中心世界意味着放弃看上去正确无比的意识形态和被普遍接受的行为

① 黑格尔．历史哲学［M］．王造时，译．上海：上海书店出版社，2001.

准则。在宝玉的眼里，至高无上的“四书”是陈腐不堪的“酸语”，热心仕途经济的官迷是“禄蠹”，“文死谏，武死战”的君臣大义不过是沽名钓誉而已，男尊女卑的世界不具任何合情性、合理性、合法性、合道德性、合目的性；寡廉鲜耻、尔虞我诈、背信弃义成为官场和社交场合的准则，一本正经说假话、道貌岸然扮高尚成为彼此之间心知肚明的事，弄虚作假渗透到生活的每一个角落，言语的非理性、非逻辑性已经到了无以复加的地步。所有的这一切都昭示着：这个中心世界的大厦正在呼啦啦地倾倒。然而只有宝玉、黛玉和警幻仙姑对此有着清醒的认识。处在中心世界的那些人，从面目模糊的北静王到贾敬、贾赦、贾政、贾珍、贾琏等人，或沉迷于巫术式的炼丹之中，以求全身保命，永享荣华富贵；或沉迷于声色犬马之中，为此不惜夺人性命，软硬兼施；或孜孜于功名利禄，为维护中心世界左支右绌，心力交瘁，但就是不能认识到病入膏肓的中心世界已沉疴难起。暗箱操作和阴谋诡计等诸多非理性、非逻辑的因素，使得诡秘怪异、虚妄无稽成为中心世界的常客，黍离之悲、盛衰无常、兴废无凭、更替不定、世事难料、人生叵测的喟叹从一代又一代骚人墨客那里，接力棒似的往下传递。理性、逻辑的缺席导致人性、秩序的缺席，并进而导致话语意义的缺席，正如黑格尔指出的那样：“中国的语言是那样的不确定，没有连接词，没有格位的变化，只是一个一个的字并列着。所以中文里面的规定（或概念）停留在无规定（或无确定性）之中。”[①] 这就是“只有两个石狮子是干净的”荣国府和宁国府的真实写照。与这个脏污淫秽的中心世界形成鲜明对照的是，在边缘化的女儿们所居住的具有乌托邦色彩的大观园里，真善美还有一席之地。她们结社吟诗，纵情联句，挥毫泼墨，谈禅论道，情感丰富，

① 黑格尔．哲学史讲演录：第一卷［M］．贺麟，王太庆，译．北京：商务印书馆，2011.

真切动人。曹雪芹似乎故意遮蔽了宝玉的男性特征，使得他能够以自己独到的眼光审视这两个截然不同的世界。对这两个世界的认识越深入，他就越是绝意于仕途经济，绝意于中心世界，也越发让他把自己全部的情和爱，和着诗，和着泪，和着烟，和着灰，毫无保留地倾洒到大观园里。尽管来自青埂（情根）峰下的“石兄”如此痴情，无边的暗夜还是很快就吞噬了这个有着乌托邦色彩的大观园。

四、结局不同的幻灭

以轻快、谐谑的喜剧方式颠覆神圣庄严的佛道世界，以凝重、哀婉的悲剧方式直面创巨痛深的现实世界，是吴承恩和曹雪芹的两种不同的智慧形式。

取经的壮举在唐僧一口一个“臣僧”、一口一个“主公”的上奏声中收场。俗界意义上的成功之后，是佛界的“加升大职正果”：前世因“不听说法”“轻慢大教”而被贬下界的唐僧被加升为旃檀功德佛，“隐恶扬善”“炼魔降怪”“全始全终”的孙悟空被加升为斗战胜佛，猪八戒被封为净坛使者，沙僧被封为金身罗汉，白龙马被封为八部天龙马。在瑞霭纷纭、祥云普照的背后有几个耐人寻味的细节。第一个细节是孙悟空向如来告状时嚷道：“阿傩、伽叶掯财不遂，通同作弊，故意将无字的白纸本儿教我们拿去，我们拿他去何用？”佛祖笑道：“你且休嚷。他两个问你要人事之情，我已知矣。但只是经不可轻传，亦不可以空取。向时众比丘圣僧下山，曾将此经在舍卫国赵长者家与他诵了一遍，保他家生者安全，亡者超脱，只讨得他三斗三升米粒黄金回来。我还说他们忒卖贱了，教后代儿孙没钱使用。你如今空手来取，是以传了白本。”由此看来，阿傩、伽叶向唐僧索要人事，是得到了如来的支持和批准的；佛家保佑生者、超脱亡灵也不再具有任何形而上的终极色彩，只不过是一种买卖关系而已；如来在指斥东土多贪多杀、多淫多诳、多欺多诈时，他所治下的极乐世界照样有贪、诳、欺、诈——就这样，“麒麟的马脚”在一个看似不经意的细节中暴露无遗，一切的冠冕堂皇、神圣庄严的背后是滑稽可笑、市侩狡狯。第二个细节是八戒见唐僧和悟空成佛而自己只是净坛使者，因而向如来表达自己的不满时，如来道：“因汝口壮身慵，食肠宽大。盖天下四大部洲，瞻仰吾教者甚多，凡诸佛事，教汝净坛，乃是个有受用的品级。如何不好！”如来此言如果不是话语策略便是实际情况。换言之，如来不是采取愚弄哄骗八戒的政策，便是公然支持八戒向信徒索要人事，或者二者兼而有之。第三个细节是悟空要唐僧念个松箍儿咒，不再掯勒他。联系八戒不满自己是净坛使者来看，悟空和八戒并没有因为功德圆满、修成正果而改变自己的思维方式和话语习惯，也就是说并没有发生本质性的变化。然而就是由唐僧、悟空、八戒、沙僧这样的人物组成了佛教世界。可以想见，指望他们去救苦救难、普度众生，是一件多么虚妄的事。

宝玉最后的结局，据脂砚斋注解，继“狱神庙”“茜雪探监”“醉金刚仗义”之后，就是悬崖撒手、皈依佛门。如果说吴承恩是以庄谐杂出的方式让悟空以成功者的身份皈依佛门，并不动声色地揭露佛门的虚诞、荒唐，那么曹雪芹则是以死灰槁木的心情注视着宝玉遁入空门，并以这种决绝果毅的方式来给这个“大荒”“无稽”的时空证伪。本就颖异聪慧的宝玉在经历了一系列的变故后，对虚妄有了更为深刻的认识。“梦里不知身是客”，“反认他乡是故乡”，原来自己所经历的不过是南柯一梦。其实，身处梦境的又何止他一人呢？从王公贵族、达官贵人到失意文人、贩夫走卒，谁又有能力主宰自己的命运呢？非历史的大手何尝不是在播弄每一个人呢？无所附丽、无所敬畏的人们，把自己对虚妄的感受一一诉诸后世：“沧浪之水清兮，可以濯我缨；沧浪之水浊兮，可以濯我足”“时不利兮骓不逝。骓不逝兮可奈何”“时无英雄，使竖子成名”“死便埋我”“悼嵇生之永辞兮，顾日影而弹琴。托运遇于领会兮，寄余命于寸阴”“田园将芜胡不归”“十年一觉扬州梦，赢得青楼薄幸名”“心似已灰之木，身如不系之舟”“不为无益之事，何以遣有涯之生”“笔底明珠无处卖，闲抛闲掷野藤中”“相逢莫问人间事，故国伤心只泪流”“死辱片时痛，生辱长年羞”“世味秋茶苦，人间直道穷”“故人云散尽，我亦等轻尘”……一曲又一曲挽歌绵延不绝，一出又一出悲剧令人心碎。无力回天、泪尽情竭的宝玉——这个集千古灵秀于一身的精灵——在经历了“绝望之为虚妄，正与希望相同”的大彻大悟后，如同一缕在黑暗中穿行的幽光，最终幻灭于苦寂而迷狂的黑洞里。

纵观两位“石兄”的幻灭结局，不由令人唏嘘不已，感慨再三。悟空以妥协的方式认同既有秩序是对自己先前叛逆精神的一种背弃。妥协和背弃在世俗的意义上意味着成功，在精神的层面上却意味着幻灭，意味着陷入一地鸡毛的琐碎平庸的状态之中，意味着对优秀、敏锐的精英的戕残。宝玉倒是坚持了自己的理想，而且愈到后来愈是摒弃了贵介公子的轻薄骄狂之气，然而“皮之不存，毛将焉附”“覆巢之下，安有完卵”，大厦尚且将倾，他又焉能幸免幻灭的命运？作为一个敏感的精灵，作为一个时代的先知先觉者，自己的情和爱是那样的微薄乏力，无济于事，就像一滴水之于浩瀚无边的沙漠那样，他也只有以“悬崖撒手”来寄托自己的一腔幽愤了。

当“思想走投无路”的时候，当明白显豁被幽微曲折取代的时候，当一次又一次回到原初、一次又一次推倒重来的时候，当一句话可以讲清却被迫用一万句话然而仍然无法说清的时候，当先知先觉者只能寄托一腔孤愤的时候，我们应该记起这句话：“To be，or not to be，that is the question.”（生存还是毁灭，这的确是个问题）

《西厢记》：禁欲主义催生爱情之花

禁欲主义与爱情之花犹如水火不相容一样，是不可能共存的两样东西。然而，在《西厢记》里，禁欲主义恰恰催生出千百年来令人心旌摇动、心醉神迷的爱情之花。崔莺莺和张君瑞（以下简称崔张）的爱情之花摇曳生姿，不能不让人慨叹：看上去柔弱不堪的爱情之花，却具有冲破众多阻力、迎风怒放的强大力量！这人间至美之情实在是上天对承受苦难的人类的最大奖赏。

爱情需要机缘。崔张爱情的机缘是张君瑞博取功名和崔莺莺新承父丧。功名和父丧都是爱情的天敌，却也可以成为引发爱情的引信。真正的爱情是纯美无瑕的，是超越世俗的阆苑仙葩。死亡不应该阻止生命之花的绽放，功名利禄不应该玷污纯洁美好的爱情。爱情就是爱情，不应该是其他东西的附属物，不应该附加任何条件。守孝三年是虚妄的，蜗角虚名是虚妄的，这些都应该给伟大的爱情让路。方生方死，方死方生，死去的不应该束缚活着的。“沉舟侧畔千帆过，病树前头万木春”，在悲悼死者之后，生者还是要继续生活，恋爱。

爱情需要空间。普救寺是佛门净地，却成为爱情的圣地；西厢是僧人礼佛参禅的地方，却成为崔张爱情之花的绽放之所。以斫丧人的性灵来普救众生的教条看来完全落空，而“西厢”作为多重的禁忌也完全失效——佛门的戒色失去作用。五行学说里“西”这个方位所蕴含的杀伐禁绝也无法阻挡生命的激情，金秋季节的分离并不能使崔张爱情有丝毫减损。“孝”“戒”“空”“西”“金”“秋”联合组成的力量不仅不能斩断情丝，反而成为爱情的见证。在寺庙里一见钟情，在礼忏亡灵时眉目传情，在西厢里尤云殢雨。《西厢记》就是要演绎一曲颠覆禁欲主义的颂歌，而且是演绎禁欲主义催生爱情之花的颂歌。禁欲主义的虚妄不攻自破。在强大的爱情面前，在青春的灵动面前，在生命的冲动面前，空洞的说教、僵化的教条，顷刻间土崩瓦解。不仅张君瑞情不能已，就连寺庙里的和尚也神魂颠倒，完全没有办法做好法事。“大师年纪老，法座上也凝眺。举名的班首真呆傍，觑着法聪头作金磬敲。”“击磬的头陀懊恼，添香的行者心焦。烛影风摇，香霭云飘；贪看莺莺，烛灭香消。”王实甫以谑谐的笔法嘲弄了和尚，实则是对虚妄的禁欲主义的否定，对真善美的礼赞和讴歌。

普救寺其实不能凭借佛法的色空和戒忍普救众生，相反倒是人性中至真至善至美的爱情才能普救众生，法本长老的成全姻缘才能普救众生。从这一点上来说，王实甫实在是开时代风气之先河——塑造出法本长老，比莎士比亚在《罗密欧与朱丽叶》中塑造出劳伦斯神父要早 200 多年。宅心仁厚的两位长老（神父），并不以禁欲主义的教条来宣讲全知全能的神，而是以此岸世界的现世幸福，来渡引芸芸众生到达精神皈依的彼岸世界。

爱情需要时间。《西厢记》中有几个重要的时间关口令人印象深刻。父丧在身、扶柩返乡，本来应该是哀毁骨立、清心寡欲的崔莺莺，却在此时此刻义无反顾地爱上张君瑞，王实甫对礼教的菲薄不言而喻；西去京城、上朝取应，本来应该是习先王之道、尊周公之礼的张君瑞，却在此时此刻不管不顾地爱上崔莺莺，王实甫对功名的不以为然也就可想而知；崔张一见钟情，生命萌动的力量如此强大，一举摧毁圣人的清规戒律和宗教信条的禁锢；崔莺莺和张君瑞在礼忏亡灵时眉目传情，看似神圣的道场成为情侣顾盼流连的场所；孙飞虎欲掳莺莺做压寨夫人，五千兵马围住普救寺，强横的武力在宗教的说教面前肆无忌惮，完全不把去恶扬善的佛陀放在眼里；杜确发兵救友、成人之美，正义以其强大确保正义的到场，这看上去是友情力量的强大，实则是爱情力量的强大；崔张好事多磨，在生机勃勃的阳春三月，在露滴香埃的月射书斋之夜，二人得效于飞之愿；崔张看轻蜗角虚名、蝇头微利，却在崔老夫人的逼迫下，二人在“碧云天，黄花地，西风紧，北雁南飞”的金秋时节，不得不分手道别，暌违一年，功名的挤压和时令的肃杀成为爱情的敌人；崔张历经波折、终成眷属，“永老无别离，万古常完聚，愿普天下有情的都成了眷属”，爱情的敌人力量强大，爱情的力量却更强大。

爱情需要翻墙。高墙壁垒并不能禁锢人的肉体和心灵，西厢的墙也不能阻止张君瑞对崔莺莺的强烈爱慕。墙这边是禁欲主义的教条和男女授受不亲的古训，墙那边是甜美的爱情和生命的甘泉。看上去，墙的力量强大无比。然而，战胜墙的力量更加强大。爱情的力量总是大过墙的禁锢力量，自由的力量总是大过恐怖的力量，了解真相的冲动总是大过阻拦的力量。

爱情需要安全。普救寺不仅不能普救众生，甚至连自身安全都没法保障。面对孙飞虎的暴戾恣睢，普救寺一干僧俗人等全都束手无策。佛门的清望、圣贤的说教、公卿的名望，在孙飞虎的恣情掳掠面前，在半万贼兵的铁桶包围面前，统统显得软弱无力。只有在强大爱情和深厚友情支持下的张君瑞能够打败淫邪的暴力。王实甫在这里给我们一个启示：普救众生的不二法门只能是爱情和友情，虚妄的禁欲主义和鄙俗的功名利禄只能在形形色色的挑战面前偃旗息鼓。

爱情需要纯洁。爱情是人的天性中最本真最纯净的情感，不能也不应掺杂不属于爱情的各种杂质。不管是清规戒律的约束，还是功名利禄的干扰，抑或是礼教习俗的禁锢，抑或是门当户对的偏见，抑或是宵小之徒郑恒的中伤，抑或是时间空间的阻隔，都无法破坏纯洁的爱情。爱情只听从内心的驱遣，只听从爱神的召唤。爱情越纯粹，也就越强大。元稹根据自身经历写的《莺莺传》看上去很符合政治正确的纲常名教，却无视纯洁的爱情不能容忍意识形态的玷污，于是始乱终弃、道貌岸然的元稹只能留下一个反面的例证，一个被人道主义的《西厢记》战胜的例证。

禁锢越多，束缚越多，爆发出来的反抗力量也就越强大。相反相成的法则再次得到印证。王实甫生而不幸，在蒙昧野蛮的元代厮混于勾栏之间——“风月营，密匝匝列旌旗；莺花寨，明飙飙排剑戟”。王实甫生而有幸，在意识形态控制松弛的统治时期找到一个生存空间，将那些违反人伦的纲常名教和金科玉律的吊诡之处尽情展示出来，并宣示一个爱情准则：愿普天下有情的都成了眷属。

王实甫（1260—1336）大体上与但丁（1265—1321）和薄伽丘（1313—1375）属于同一时期，他们的人道主义思想倾向不谋而合：人既不能沦为肆行无忌的两脚兽，也不能让苦行僧式的禁欲主义压制人的本性，使生龙活虎的人变成干枯的木乃伊；有血有肉的人不应该是贡献给神的祭品，也不应该是形形色色教条的牺牲品。正是由于先贤们不断演绎人的自我发现和解放，人的自我发现和解放才逐渐得以实现。

尊严和智慧：历史的意义之所在

——由徐继畬与福泽谕吉想到的

灭人之国，必先去其史；隳人之枋，败人之纲纪，必先去其史；绝人之材，湮塞人之教，必先去其史。

——龚自珍

人的智慧在很大程度上直接或间接地来源于对记忆的积累和当下经验的整理。正是在积累和整理的过程中，作为传承智慧的重要工具的文字成为文明的重要标志。书写历史也就成为人类摆脱蒙昧、走向开化的途径之一。

汉字的“史”为持中记载之意，而英文 history（历史）、法文 histoire（历史）均来自古希腊文，含有“研究”“探索”之意。后人试图划分曾经存在过的现实的历史和史学家笔下的历史，于是把历史区分为三大类：原始的历史或客观的历史、反省的历史或主观的历史、哲学的历史或主客观统一的历史。[①]

① 许苏民．历史的悲剧意识［M］．上海：上海人民出版社，1992.

“一切历史都是当代史”，这本来应该是个体生命借助历史经验来完善自我、赢得人性尊严的一个判断，却也成为有意识、有步骤地修改和消灭过去并进而控制现在的诀窍。真相就这样被阻断，历史就这样被改写。历史成为那些所谓英雄们为了展示自己是英雄人物并展示其合法性的道具，从而证实其奉天承运的天然正义，而民众就是这样被驯化成任其驱遣的士兵和挑夫。正是在这个意义上，乔川在《重读〈1984〉》一文中说：“控制了人的记忆，就控制了过去；控制了人现在的思考、感觉和情感，就控制了人的现在；控制了人的欲望、希望和憧憬，也就控制了人的未来。”控制过去就意味着控制现在和未来。

肉体被摧残、践踏是容易识别的，精神被奴役矮化则让人浑然不觉。指明这种状况则是读史者的职责。向“同俗自媚于众”者言说事实是读史者天经地义的权利，唤醒每个人的生命尊严，播撒自由、平等、正义的种子，是读史者不可推卸的责任。从上述角度来说，比较徐继畬和福泽谕吉是一件颇有意义的事。

徐继畬（1795—1873），山西五台县（今山西省忻州市）人，被称为开眼看世界的先驱和爱国者，其著作《瀛环志略》[①] 被称为一部自强的启蒙书。在担任广东按察使、福建布政使、福建巡抚时，徐继畬得以参与鸦片战争中的“剿”“抚”夷狄的事务。1844 年，徐继畬与美国传教士雅裨理（David Abeel）在厦门的几个场合发生了历史性的意外相遇，他们一起讨论世界地理和历史。据雅裨理 1844 年 1 月 27 日日记记载：“……他是我迄今见过的高级官员中最爱寻根究底的中国人。他询问了许多外国的事情后，我们提出拿一本地图集，向他说明最感兴趣的各个地方的位置和区域。对此他欣然表示赞同。”根据道光二十四年（1844）手稿本《瀛环考略》，

① “瀛环”现写作“瀛寰”。

徐继畬在序中云："道光癸卯[①]冬，余以通商事久驻厦门。米利坚人雅裨理者，西土淹博之士，挟有海图册子，镂板极工，注小字细如毛发，惜不能辨其文也。暇日引与晤谈[②]，四海地形，得其大致。就其图摹取二十余幅，缀之以说，说多得之雅裨理，参以《海国闻见录》……诸书，题曰《瀛环考略》。"1848年《瀛环志略》初刻版于福州完成，1850年于福州再版，同治五年（1866）总理各国事务衙门重刻，另外日本于1861年翻刻。

《瀛环志略》是一部史地并重的世界地理著作，书中共有总分图40多幅；先叙地球概貌，后叙四大洲各国，每洲又先有总叙，后有分叙，对各国的疆域形势、气候物产、风土人情、历史沿革、典章制度、政治得失、兵力强弱、兼并征伐、海外扩展以及与中国的交往等方面均有叙述。叙述有详有略，夹叙夹议，常有按语表示自己的独特见解。与魏源《海国图志》"师夷长技以制夷"的迎合流俗、急功近利不同，《瀛环志略》虽然是以传统的儒家学说的价值标准来判断某些国家的治乱得失，以传统观念来理解和看待陌生的外部世界，却较少有封建士大夫那种盲目冥顽的文化优越感和中心意识，且作者认识到泰西诸国在器物文明、制度文明方面的优越性（在最为核心的思想文明方面，徐继畬认为天朝上国处于优越地位）。从徐继畬的一些话来看，如"我朝德威远播，悉主悉臣""务以恩信羁縻""臣等再以众心不服、众怒难犯等情，危词耸动，或可使之畏葸中止"，我们发现，他这样保有可贵的探索精神的先知先觉者，在内心深处也是把盲目排外而不是变革图强当作忠君爱国的首选。尽管徐继畬充分考虑到士大夫的心理承受能力，在政治正确性方面显得那样立场坚定，以至说了一些违心之语，他还是受到了当时的一些著名

① 道光癸卯即1843年。

② 按《瀛环志略》云，雅裨理能作闽语。

人物的非议。如李慈铭的评论："轻信夷书，动涉铺张扬厉……似一意为泰西声势者，轻重失伦，尤伤国体。"史策先认为："张外夷之气焰，损中国之威灵。"曾国藩也做了否定性评价。

尤其值得一提的是徐继畬与林则徐的关系。清道光三十年（1850）六月，一个英国传教士和一个英籍医生向福州市神光寺僧人租两间屋居住，租期半年，租约经侯官县用印备案。告老在家的林则徐联络家乡士绅和生童，坚决主张驱逐这两个英国人出城；在京和各地的闽籍大员也为之声援，多次上奏，指责徐继畬等人"强民从夷"，致使皇帝屡降谕旨追查此事。同年末，两个英国人先后搬出，风波才告止息。徐继畬旋即被免去福建巡抚，留京任太仆寺少卿。

比徐继畬晚一点登上日本历史舞台的福泽谕吉则是另一番际遇。

福泽谕吉（1835—1901），日本近代杰出的启蒙思想家，毕生从事著述和教育活动，对西方启蒙思想在日本的传播和日本资本主义的发展起过巨大的推动作用（日本万元钞票曾经以福泽谕吉肖像为正面图像）。福泽谕吉生于中津藩（今大分县）的一个下级武士家庭。其父对汉学有很深的造诣，取名"谕吉"据说是其父在谕吉诞生之日，偶得盼望多年的汉学书籍《上谕条例》一书。福泽谕吉早年曾通读《左传》11 遍。青年时期，他得风气之先：1853 年美国使臣佩里到达日本浦贺，并签订《日美和亲条约》，自此日本以和平方式打开国门。日本对佩里促使日本摆脱闭关锁国的状态持一种平和心态，而且认为"佩里叩关"促使明治维新得以成功。1860 年，福泽谕吉三度游历欧美，深切体会到西方文明在器物、制度、思想等方面的巨大成就。福泽谕吉初到美国，对"女尊男卑"的习俗感到惊讶；"到英国一看，我觉得他们国内也有一些光明正大的好人，这越发使我平生所持的主见——开港的论点坚定起来"。

面对日本内忧外患的严峻形势，福泽谕吉猛烈抨击旧的封建制度及其意识形态，大力介绍民主宪政、自由平等思想，号召日本人民学习实学、科学，兴办实业。1868年他创办庆应义塾，教育方针以数理和独立为本，培养科学人才。福泽谕吉坚决拒绝出仕，一生著作约有60种。

虽然福泽谕吉认识到现代文明的核心是自由、平等、法治的思想，但日本在现代化进程中却只是看重西方文明中的器物文明、制度文明。正是这种大打折扣的吸收、借鉴方式，使日本走上军国主义的法西斯邪路，从而给亚洲乃至世界造成灾难性后果。在反省民族罪恶的问题上，日本也缺乏足够的真诚。由此可以看出：如果不在思想文明的层面上接受真正的现代化文明的洗礼，只会暴露出后发文明的巨大缺陷，表现为畸形发展的跛足巨人式的日本模式。

徐继畬和福泽谕吉的经历和思想，中国和日本的现代化路径，给我们诸多启发。

文明不只是坚船利炮、波音福特所代表的器物文明，更应该是制度文明、思想文明。一个国家唯有先经过思想文明的洗礼，以制度文明作为坚实的保障，器物文明的创造才是可持续的，这个国家才是真正的文明国家，而不是半开化或者蒙昧的国家。

200多年前西方哲学所向往的自由、平等、博爱，是今天文明社会得以不断前进的精义。在这一思想文明的浸润下，人类社会逐渐探索出共和、宪政的现代化之路，思想文明与制度文明互为奥援，从而确保最大限度地限制人性之恶，最大限度地保障民众权利。

自由作为社会主义核心价值观之一，是人类的终极追求，是人类体现其尊严的独有形式，是人类与其他动物区别开来的核心之所在。一个人如果没有受到后天的蛊惑，本真性的生命状态和思想状态没有被幽暗洞穴所遮蔽，那么他大概率会向往并追求自由。自由首先应该是思想自由和表达自由，在思想和表达的过程中逐渐形成重叠性共识。对思想自由最严酷的打压无过于汉武帝以腹诽的罪名陷人于死地。自由的题中应有之义还包括信仰、迁徙、发展、交友、集会的自由，免于恐惧、免于匮乏的自由。保障人的自由才能最大限度地体现人的价值，才能使人的心智得到正常水平的成长，才能使人在社会交往中不断激发出智慧和尊严。如何确保人的自由不受侵犯？唯有民主——公开透明、公平正义意义上的民主——才能确保人的自由得到保障，才能使人这种社会化动物既享有群体的力量，又享有个体的自由。

个人性不被发现、不被尊重使我们丧失自我，成为被虚指的群体、实指的权势者任意驱遣的既无形体自由也无心灵自由的畜类。《逍遥游》虽然是在探讨人类的终极追求和向往——自由，但由于对形体自由即形而下自由（如迁徙、表达、集会的自由）缺乏足够的探讨，而且没有把人性定义为动物性和神性之间的一种状态，于是庄周有时把没有思想自由可言的动物状态当作自由来推崇，有时又把没有任何可操作性的只有神才能拥有的自由当作人的自由去推崇。对人性的错误认识导致我们对人的自由缺乏明晰的认识，放弃对形而下自由的追求也就造成形而上自由的缺席。

福泽谕吉反复强调，日本的明治维新之所以能取得成功，是得益于日本民众没有被儒学所浸染。“各藩有志之士都在置身于维新的事业中，有志者大抵都是藩中有为的人物。从我们祖先的时候起，就为我国固有的武士道精神所熏陶，其活泼聪颖、磊落不羁，几乎成为天性，大胆至极。但这些人历来对中国的文学道义钻研不深，从儒学的深奥这个角度来看，这些人不能不说都是些不学无术之辈。而正是这些不学无术之辈完成了维新大业，到后来治国这一阶段，既已看透锁国攘夷实属愚昧无知，于是下定心主张开国。”儒家及理学使民众和士人崇奉三纲五常、天地君亲，认定君君臣臣父父子子是人间秩序的最高法则。而且儒学信奉者往往会变通：居庙堂之高是一副儒者面孔，处江湖之远则是逃避责任、故作逍遥的庄禅做派；面对君上是揣摩上意、诚惶诚恐的怖惧犬马之态，面对百姓、处理政务则是威风八面、严刑峻法的儒表法里的雷霆手段。

人人生而平等，这是不言而喻的。然而平等往往被理解为平均，或者是指结果的完全同一。事实上，由于人的禀赋、环境不同，差异性存在是先验性事实，因此平均和同一既是不可能的，也是不现实的。平等是指政府为国民提供必要的公共产品，为公民提供平等的起点、竞争规则、竞争过程，从而体现公平正义的原则。这些公共产品是国民以纳税、授权的形式让渡给政府的，政府并不是恩赐者的角色。必要的公共产品是指公正司法、安全保障、义务教育、医疗卫生等。这些公共产品能最大限度地保障国民在机会面前享有均等的权利，享受竞争起点、过程、结果、规则的公平，在法律面前体会正义的尊严。平等不应因性别、地域、种族、财产、受教育程度等状况而有任何折损。平等绝不是装点门面的招牌，绝不是商家可以任意打折出售、贱价处理的商品，绝不是遵奉上智下愚的原则而对国民实施精神蛊惑进而达到愚民驭民的阴险勾当，绝不是平民在疾病灾祸面前丧失人性尊严、只有哀求死神的无可奈何。

无差等的爱、无条件的爱才是博爱。博爱既是手段，又是目的，没有任何逻辑性可言，也不需要任何逻辑性支持。无论多么受尊崇的王权都不得越界，去染指信仰、博爱的神圣领域。然而，曾经的王权总是要以其现世的蛮力去侵夺、篡改博爱的真义。君臣父子、三纲五常、三从四德……这些说辞都意在掩盖敲骨吸髓、万物皆役于我、集天下财物精神于己身的事实。

人格平等、没有差别才能抵达博爱的彼岸，才能否定等级，肯定自我。人的差异性既是不可避免的，又是这个世界得以前进的动力。等级森严，人为设限，会让博爱离我们越来越远。

义无反顾、勇往直前地拥抱现代文明，独立自由、平等博爱是每一个人神圣的权利——浴火重生的梦想在召唤着每一个心存此念的人！徐继畬、福泽谕吉所揭示的目标，在星光闪耀之处引领着我们！

怨恨：终结暴政，断送革命

——《双城记》《九三年》阅读札记

怨恨是一种“强烈的不满和仇恨”，“它所具有的敌意是隐忍未发、不受自我行为控制的愤懑”。

民意并不是永远可以被忽略不计，怨恨并不是永远可以消弭于无形。如果民意没有宣泄的渠道，没有表达的途径，蓄积的怨恨将汇聚成一股强大的力量——而且就像物理定律所揭示的那样，打压的力量越大，蓄积的时间越长，怨恨的强度就越大。一旦有机会以报复行动的完成来满足怨恨感，怨恨者就从他所感觉、所反对的对象阶层里任意挑选牺牲品。

在狄更斯的长篇小说《双城记》中，有一个由蓄积怨恨到爆发仇恨到毁灭自己的典型，这就是得伐日（也译为得伐石）太太。得伐日太太可谓苦大仇深：父亲、哥哥、姐姐、姐夫和还在腹中的外甥都被埃佛瑞蒙德侯爵兄弟害死。尤其令人发指的是，侯爵兄弟强奸泰雷兹·得伐日的姐姐，致使其精神错乱；尽管家人请来曼内特医生治疗，这位绝色佳人最后还是在哀号中死去。曼内特医生也因为举报侯爵兄弟的暴行而被投入巴士底狱，被关押十几年后，释放出来时一度精神失常。年幼的泰雷兹·得伐日躲在海边的一个渔民家才得以长大，后来嫁给曼内特医生的仆人得伐日，成为得伐日太太，经营一家小酒馆。在巴黎安托万区的一家酒馆，得伐日太太监视着这里的一切——骄奢淫逸的贵族的马车飞速驶过，碾死穷人的孩子，贵族傲慢地用钱摆平；穷苦的“雅克们”对贵族和国王的统治越来越充满仇恨；路易十六的密探鬼头鬼脑地在这里打探……这就是 18 世纪 80 年代的法国，怨恨无限发酵的法国——得伐日太太在新仇旧恨的刺激下，毕生理想就是在革命到来时为死去的亲人报仇。

当历史性的 1789 年 7 月 14 日到来的时候，得伐日先生和得伐日太太成为攻打巴士底狱的先锋。得伐日太太郁积已久的怨恨终于可以尽情爆发出来了。然而，侯爵一家却全都死去，得伐日太太的怨恨一下子失去了宣泄的对象。后来他们把侯爵的管家抓住，准备把多行善事并无罪责的管家当替罪羊带到巴黎送上断头台。管家向在伦敦的侯爵侄子达尔内求救。达尔内多年前就放弃了继承权。历经千辛万苦后，达尔内和曼内特医生的天使一样的女儿露西小姐过着自食其力的幸福生活。然而，达尔内在接到管家的求救信后，义无反顾地回到革命形势如火如荼而又动荡不安的法国，准备为管家辩白。他刚一回到法国就被捕。后来曼内特医生以自己曾在巴士底狱坐牢的经历为达尔内辩护，于是达尔内被释放。然而，被仇恨扭曲心灵的得伐日太太必欲报仇雪恨，再次把达尔内弄到牢里，而且还要斩草除根——把达尔内的岳父曼内特、达尔内的妻子露西、达尔内的女儿全部送上断头台。只是得伐日太太碰上了露西的女仆普洛丝小姐，二人大打出手，得伐日太太因手枪走火而毙命，她的斩草除根计划才没有成为现实。最后达尔内一家终于逃出法国，回到英国。

底层的怨恨有着如此巨大的力量——所谓“布衣之怒”，并不是被达官贵人所蔑视的“免冠徒跣，以头抢地尔”，而是可以推翻强大的波旁王朝的有生力量。在波旁王朝肆意践踏“无代表不纳税”的传统的情况下，在中止三级会议达175年之久的情况下，在民智渐开而王公贵族更加肆无忌惮的情况下，这股力量不断积聚、不断发酵、不断壮大，最终和贵族阶层以及神职人员中的进步开明力量相结合，终于将骄横狂妄的专制暴政推翻。

然而，怨恨毕竟不是一种应该永远积聚的情绪，更不应该从一种情感演变为伦理价值和政治行为。纾解和释放应该成为怨恨的有效转移方式。得伐日太太已经以自己的毁灭，为无限膨胀的底层怨恨付出了代价。然而悲剧并没有到此结束。在此，不妨来看看雨果的《九三年》中的法国大革命领袖，看看他们怨恨十足的政治语言和行为方式所造成的毁灭性后果——

> “啊！”他[①]叫道，“啊！罗伯斯比尔！啊！丹东！你们不愿意听我的话！好，我告诉你们，你们完蛋了。你们的政策只能得到无法前进一步的结果；你们再也没有出路了；你们做的事是给自己关上了每一扇门，只剩下通向坟墓的门。”
>
> ……
>
> “……丹东，我告诉你，你的粗大的嗓音，你的松弛的领带，你的软长靴，你的小宴会，你的宽大的衣袋，这些东西都和路易小姑娘有关。”
>
> 路易小姑娘是马拉对断头台的昵称。
>
> 他继续说：
>
> “至于你，罗伯斯比尔，你是一个温和派，可是这对于你并没有什么用。去吧，去给你的头发撒点粉，梳梳它，刷刷你的衣服，扮个

① “他”指马拉。

花花公子吧，弄件衣服穿，把自己装得神气一点，把头发卷成波浪的形式；但即使这样，你仍然免不了要走赴刑场。读布伦斯威克的宣言吧，你仍然要受到弑君者达米昂一样的待遇；你现在打扮得漂亮，将来仍然免不了四马分尸。”[①]

自诩忠诚正确的革命领袖们，互相咒骂：阴谋家！杀人犯！阴险小人！叛徒！温和派！

雨果认为这是以野蛮来对付兽性。如果说狄更斯在描述法国大革命时可能带有英国绅士的偏见和傲慢（当然，实际上狄更斯对法国大革命充满敬仰之情），那么雨果这位法国人道主义者的良心绝不会诬枉本国的革命领袖。在雨果的笔下，法国大革命最杰出代表们却被充满怨毒、刻薄、暴戾的心态所左右，并进而用尖险峭厉、恐怖威胁的语言相互恫吓，以此来表明自己的革命彻底性。革命成了一架启动之后无法控制的恐怖机器，一个需要不断地用鲜血来滋养的吸血怪兽，一个最终要把启动者卷进去才罢休的绞肉机。以怨恨始，以怨恨终；以共和、自由、平等的革命始，以高票拥戴拿破仑登上帝位终。历史就这样开了一个恶狠狠的玩笑。马拉、丹东、罗伯斯庇尔们成为拿破仑献给帝制的祭品。

这次革命并非爆发在一个贫穷的国家里，反而是在一个正处于极度繁荣的国家里。用今天的话来说，当时法国的蛋糕做得越来越大，但分配蛋糕的方式却越来越不公平，阶层之间的不平衡感越来越强烈。贫困有时可以引起骚乱，但不能造成伟大的社会激变。社会的激变往往是起于阶级间的不平衡。而不平衡则会导致怨恨情绪的无限滋生和发酵。

法国当时各阶层之间的怨恨情绪在不断发酵，经过路易十四、路易

① 雨果．九三年［M］．郑永慧，译．北京：人民文学出版社，1996．“罗伯斯比尔”又译为“罗伯斯庇尔”。

十五时代的不断激化，到路易十六的时代可谓达到极点。175 年来，民意无从表达。路易十六平庸无能，唯有在宴会、狩猎或在锁匠加曼的作坊中才得快活。王后玛丽·安托瓦内特是个美丽、轻率而喜欢卖弄风姿的女人，只知道不顾一切地去享受。国王倾举国之力，对贵族极尽笼络之能事，以为这样就可以保住王位，增加统治的合法性。但即使是统治阶层，对最高统治者的轻蔑甚至到了这样的地步——1786 年，斯特拉斯堡造币厂铸造了一批金路易，在国王像上面，加上了一个表示凌辱的角，也就是讥刺王后的不贞。各方面的因素使得亲王们试图继承王位的野心不断被激发——国王的两个弟弟亚多瓦伯爵和普罗旺斯伯爵及从弟奥尔良公爵，都在利用这种不满来暗中图谋。普罗旺斯伯爵的情人巴尔比夫人有一天对拉默（法国大贵族，曾参加美国独立战争，回法国后成为反对派人物，后来是法国大革命的参与者）说：“你知道，他们在酒馆里换钱的时候，说了些什么涉及国王的话？他们把一枚铗[1]掷在桌上说：把这醉汉给我换了。”拉默相信有些亲王在计划着要巴黎法院宣布路易十六统治无能。

一方面是法国王公贵族的纸醉金迷、醉生梦死，中等阶层的无权无势、勉强度日。法国贵族有着传统悠久的享乐主义、物质主义。出入宫廷的四千户贵族大家和国王一起打猎，乘坐国王的华贵马车，从国库中分得数量惊人的年金及赏赐。他们的收入几乎占去政府每年预算的四分之一。但凡尔赛的生活是个无底洞，最大的产业也可在那儿花光。他们学着王后玛丽·安托瓦内特的模样拼命花销。绣着金银花色的华丽衣服以及马车、仆从、打猎、宴会、戏剧等都需要大量的钱。大贵族满身是债，随便出手就是倾家荡产。管家替他们管理财产，任意中饱私囊，主人有时候连收入有多少也弄不清楚。全法国最大的地主之一奥尔良公爵负债达 7 400 万锂。

① 当年法国的硬币。

王弟普罗旺斯伯爵及亚多瓦伯爵到25岁时，即已负债1 000万锂。大教堂也落入宫廷贵族之手，因为国王把这些寺院分给他们的幼子。1789年时，全国143个主教没有一个不是贵族。这帮主教住在宫廷中，对他们所主管的主教区，除每年得到2.4亿锂收入外，其余一无所知。而履行教职的小神父们却只能拾取残余。本堂神父有700锂，副神父只有350锂。神父们知道主教们在宫廷过着无耻的生活，而他们自己却在穷苦中度日，于是他们把自己的愤怒与辛酸灌输到农民的脑子里去。乡居小贵族已无参与政治及行政之权，只好在地租缴纳上榨取农民，于是变成了农民怨恨的对象。而且小贵族侵占公地，使得穷人的羊没有可放牧的土地，穷人的怨恨日渐强烈。小贵族也自视为被牺牲者，一有机会，他们就会表示自己的不满。

大臣之间各自为政，互不买账；贵族之间彼此嫉妒，彼此暗算。甲大臣要保护哲学家时，乙大臣则加以迫害。伏尔泰就遭受过不同贵族的迫害和保护。他们注意的不是公务，而是保持国王对他们的宠幸。谁也不去维护公共事务。神权专制只是用以掩盖一切浪费、武断及作弊而已。大臣常常招致人民怨恨，他们所体现的不完全的中央集权制，不但不足以巩固王权，反而引起舆论来反抗王权。

另一方面是底层农民的啼饥号寒、辗转沟壑，各地工人的一盘散沙、任凭宰割。农民是负荷这个社会重负的牲畜。什一税、王家税、现金及实物地租、徭役、兵役，所有这一切苛捐杂税都落在他们身上。领主的鸽子及供他们打猎的野兽可以任意践踏他们的收成。他们住在茅草盖的土屋子里，有时连烟囱也没有。然而比起他们同时代的兄弟，如意大利、西班牙、德意志、爱尔兰及波兰的农民，他们的情况要好些。他们有的有一点土地；有的只能靠做短工过活，而且时常失业，不得不到一个一个田庄去找工作。他们痛恨贵族侵占公地，他们痛恨公共牧场及拾穗权之废止。全国各地的工人都不曾有严密的组织。至于那些被雇用在手工工场中的人，很多是农民，他们认为所得工资不过是补助农业上的收入而已。当时的工资增长不如物价上涨速度快。

文学和历史都在描述这个时代的最强音——怨恨。于是，在三级会议召开的时刻，在国王越来越无力控制局势的时刻，在怨恨极度膨胀的时刻，法国迎来了 1789 年 7 月 14 日的法国大革命。

享乐主义主导的放辟邪侈、官能至上——以路易十六和玛丽·安托瓦内特为代表，使巴黎成为堕落、淫邪的代名词，从而获得“香艳之都”“时尚之都”的美誉；丛林法则主导的征伐好战、穷兵黩武，却把大革命的果实拱手送给急欲过一把皇帝瘾的拿破仑；偶像崇拜主导的智力崇拜和道德崇拜——以马拉、罗伯斯庇尔为代表——试图在人间建立天国，结果却把越来越多的人送上断头台，最终导致疯狂运转的恐怖机器无法自控，直至把偶像自己也送上断头台才罢休；启蒙主义、人道主义主导的自由、平等、博爱——以卢梭、伏尔泰、狄德罗为代表——致力于消除不公、等级、掠夺、暴力，建立一个如英国那样的宪政、理性的国度……种种力量相互纠葛，一直无休无止，使得法国在 200 多年的时间里，不断地上演“暴乱—革命”的悲喜剧，不断地品尝被德国击败的屈辱，不断地以特殊性或普世性相标榜实则缺乏终极价值观，不断地自我期许为世界领袖实则缺乏起码的道义资源，不断地陷入阿尔及利亚、越南的泥沼而尴尬不已，不断地以其所谓先锋性掩盖其思想、艺术领域的矫揉造作、浮夸浅薄，不断地以其骚乱不已、动荡不安反映出其宗教、种族、思想的深刻危机。国族认同、创新能力、浮滑有余、沉潜乏力、治乱循环仍然是法兰西第五共和国面临的问题。滥觞于法国的理性僭妄与后现代主义的虚无荒诞令法国左右互搏，怨恨仍然是当今法国一个无法回避的关键词。

03

第三辑

写有所得

三点钟方向有情况：时间与空间相互定义

人们通常会认为，时间就是时间，空间就是空间，二者各行其道，就像两条平行线一样，永远不会相交，永远不会发生关联。但在了解爱因斯坦的相对论之后，人们会对四维时空有所认识，并且会接受物理学家的说法：空间的长、宽、高三个维度与时间这个维度（如果按照过去、现在、未来三个时间维度来说，就是时空六个维度），是彼此依存、相互关联、密不可分的。科学的归科学，现实的归现实。日常生活中，人们还是习惯将时间、空间分开考虑，认为二者泾渭分明。

然而，仔细思考一下，一些习焉不察的说法，其实蕴含着时间与空间相互印证、相互定义、相互依存的关系。由此说来，时空四维度具有不可分割性这一观点，并不只是物理学家的专利，也是很多常见说法的认识。

一、三点钟方向

看美剧的时候，我们经常会听到“X 点钟方向有情况”的说法。刚开始听到这个说法，我觉得不可思议——时间与方向怎么可以这样混搭？仔细一想，就会发现这是对时间和空间有着密不可分关系的绝佳说法。时钟指针的第一指向，是人们试图对时间进行定量分析的一种努力，毫无疑问是标明时间的刻度；时钟指针的第二指向，则是标明360度空间的方向，而且具有很强的既视感。因此，时空关系的相互佐证，在这个说法里得到充分的体现。

二、顺（逆）时针方向

时针指向的是时间，是人们对时间的量度，反映出人们试图标记时间的数量，以期在时间这个永恒的终极命题面前得到量化的依据，并在浩渺无边的宇宙里找到锚点，为沧海之一粟找到坐标原点。

顺（逆）时针方向，这是把时间和空间结合起来的又一说法。由于空间没有绝对的中心和原点——宇宙浩瀚无边、原点变动不居，东西南北、前后左右、上下六合这些说法不足为凭，因此人们在界定空间方位和空间原点的时候，常常会感到束手无策。月亮、太阳、北极星、银河系、奇点，这些都不足以成为恒定不变的空间原点，于是人们只好选择更具有恒定色彩的时间（即使只是人类量度时间的一种工具）来作为空间方向感的依据。

三、达利《永恒的记忆》

时间具有连续性、不灭性、无限性、单向性、均匀性、不可逆性，这些特性意味着时间无法转换为视觉形象，具有无法用空间形象进行描述的特点。然而，艺术家却能别出机杼，用自己独特的理解来描绘时间。西班牙超现实主义画家达利（1904—1989）的《永恒的记忆》，这样诠释时间的特性：“这幅画中的好几只钟表都变成了柔软的有延展性的东西，它们显得软塌塌的，或挂在树枝上，或搭在平台上，或披在怪物的背上。最后，那块扣放的、爬满蚂蚁的、见不到时间的硬表，被解释为害怕了解真相。”[①]时钟所代表的时间具有了面条一样的空间特征和物体质感，时间与空间进行了巧妙的转换。抽象的、不可描述的时间，借助物质的、具有空间特性的钟表，从而产生了具象化的视觉感和既视感。

四、日

日——太阳，距离地球最近的一颗恒星：首先是一个空间存在，一个为星辰提供坐标原点的标志，地球上几乎所有的文化都把太阳当作主要计时的标准[②]；其次是一个时间单位，日出日落（这只是人眼观察的错觉）是划分白天黑夜的标志，一日为 24 小时（其实一日是对地球自转一周用时 23 小时 56 分的计量，而不是日出日落的结果），地球绕行太阳公转一周为一年，公转导致周期性的季节变换。

东方和西方，大都把人格化的太阳神设定为男性：中国的传统神话中的太阳神有炎帝神农氏、日主、东君、太阳星君等。古希腊神话中的太阳神是赫利俄斯，后来与光明神阿波罗混为一体。波斯太阳神是密特拉。古埃及在不同时间有不同的太阳神：凯布利（早晨的太阳神）、拉（正午的太阳神）、阿图姆（黄昏的太阳神）、阿蒙（原本是底比斯的主神，当底比斯成为全埃及的都城后，他便成为新的太阳神，后来和拉融合为阿蒙拉）、阿顿（阿蒙霍特普四世的埃赫那吞改革时期的太阳神）。苏利耶是印度神话中主要的太阳神。托纳提乌是阿兹特克神话中的烈日之神。两河流域的

① 李娜，黄续．名画密码：200 幅世界名画欣赏揭秘［M］．北京：中国国际广播出版社，2008.

② 克里斯滕·利平科特，翁贝托·艾柯，贡布里希，等．时间的故事［M］．刘研，袁野，译．北京：中央编译出版社，2010.

苏美尔（世界上文明最早起源的地方之一）人的太阳神是乌图，后来流传到阿卡德人那里，变成了沙玛什。

五、月

时间的永恒与生命的有限，是永远让人类感到焦虑不安的一个话题。人类为了消除永恒的时间所带来的神秘性，为了消除生命有限给人带来的巨大沮丧感，于是想出各种办法对时间进行量度，以此抵消有限与永恒之间的巨大撕裂感。一个月，介于匆促的一天和遥远的一年之间，就像月亮介于耀眼的太阳和不可知的椭圆形轨道（亦即回归年）之间，让人们产生无限的遐想和感喟。

月亮，38 万千米之外的地球的忠实伴侣，不离不弃的卫星，首先是一个空间存在物体。夜间出现的特性，让人们赋予它阴性的性别特征。于是在汉语文化里，一个月甚至一年，以及一年最盛大的节日——春节，都以月亮的运行周期作为计量时间的标准。然而，月亮作为卫星的运转周期，与作为恒星的太阳的运转周期，毕竟不能保持同步，于是在阴历与阳历之间进行转换，也就成为一件非常复杂的事情，甚至成为王朝是否符合天道的标志。

六、星期

英语中星期日（Sunday）为“太阳日”（日曜日），星期一（Monday）为“月亮日”（月曜日），星期二（Tuesday）为“火星日”（火曜日），星期三（Wednesday）为“水星日”（水曜日），星期四（Thursday）为“木星日”（木曜日），星期五（Friday）为“金星日”（金曜日），星期六（Saturday）为“土星日”（土曜日）。不言而喻，用空间里的日月星辰来定义一个星期，是时空互相定义的又一个例证。

星期（礼拜）完成了如下转换：空间物理存在转换为时间量度单位；宗教创世的记录转换为人间敬拜规定；信仰虔敬的礼拜转换为整个世界的作息时间。这个时间单位体现了信仰对人类劳作与休息的最大善意。

七、沧海桑田

本来，沧海是指大海，桑田是指种植桑树的农田；沧海桑田是指大海变成农田，农田变成大海，比喻人世间事物变化极大，或者变化较快。但这个词给我们的第一印象是时间感而不是空间感。与其说这是空间与时间的巧妙转换，不如说是语言所具有的巨大暗示和明示在起作用。语言赋予空间以时间感，正是其强大力量之所在。而且这个成语所蕴含的时间内涵是循环往复，这种循环时间观是与线性时间观迥然不同的一种时间观。

八、前、后

前、后，指事物的前边和后边；表示时间的先后，即从开始到结束的一段时间。前、后首先是一种对空间位置的描述，后来就成为对时间先后的描述。而从前、以后则是比较单纯的时间定位（值得一说的是，“前”在表示时间的时候，是飘忽不定的：“以前”是指已经过去的时间，而“向前看”的“前”则是指未来的时间）。故事的开头通常是“从前，有一座山……”，时间与空间齐备，共同界定故事的真实性，而且时间在前、空间在后，也能看出时间作为坐标原点的可靠性。

由空间状况到时间定位，前、后所表示的时空定位，成为空间、时间相互定义的又一例证。

九、格林尼治时间

世界时即格林尼治平太阳时间，是指格林尼治（英国伦敦的一个区）所在地的标准时间，也是表示地球自转速率的一种形式，以地球自转为基础的时间计量系统。地球自转的角度可用地方子午线相对于地球上的基本参考点的运动来量度。为了测量地球自转，人们在地球上选取了两个基本参考点：春分点和平太阳点。由此确定的时间分别叫作恒星时和平太阳时。

格林尼治本来是个地名，却成为全世界时间的标志，成为地理上东经 0 度与西经 0 度交会的地方。这是科学的理性、精确所带来的方便、快捷之利，也是信仰的诚笃、博爱所体现的民胞物与情怀。

今天，即使那些十分重视传统文化的民族或国家，也可能同时使用两套历法系统：民间和传统节日以及宗教节日使用传统历法，官方往往使用公元纪年，即使用格林尼治时间所定义的公元纪年。这是格林尼治时间定义时空、引领文明的证明，是真正的“时间开始了”的标志。格林尼治时间凭着理性的力量和信仰的执着，成为全人类的共同时间和空间的定义者，这不能不说是一个奇迹。

十、国际日期变更线

国际日期变更线（International date line）是 1884 年国际经度会议规定的一条假想的日界线。这条线位于太平洋中的 180 度经线上，作为地球上“今天”和“昨天”的分界线。为避免在一个国家中同时存在着两种日期，实际日界线并不是一条直线，而是折线。它北起北极，通过白令海峡、太平洋，直到南极。这样，日界线就不再穿过任何国家。这条线上的子夜，即地方时间零点，为日期的分界时间。按照规定，凡越过这条变更线时，日期都要发生变化：从东向西越过这条界线时，日期要加一天；从西向东越过这条界线时，日期要减去一天。因此它又叫“人为日界线”。

时间的变化与空间的变化如此紧密相连——我们在平面地图上就能看到东经 180 度和西经 180 度在国际日期变更线这里重合，空间 / 地理意义上的经度却决定了时间 / 日期变更线的划定。这不由得让我们再次感叹造物主的神奇大能，感叹天文学家、地理学家以及其他科学家如此精妙的设想和划定，感叹爱因斯坦揭示出时空如此合二为一的奥妙。

十一、速度

速度表示物体运动的快慢，在数值上等于单位时间内通过的路程。

物体运动通过客观时间得到衡量和测度，位置移动多少、空间距离的远近要依靠时间长短来确定，这是对身处何处的关注，也是对“我们是谁？我们从哪里来？我们到哪里去？”的终极命题的永恒关怀。空间位置的变动是永恒的，而时间则是从过去到现在一直指向未来的恒定不变。永远的空间变动借助永恒不变的时间来进行描述，从而得到可靠的锚点。

现代物理学假定时间是线性的，并将时间历程严格地分割为过去、现在和未来。这种时间观可以被命名为“时间之箭观”。与之对立的是循环时间观。循环时间观意味着事件的无限往复，没有开端或终结这样的明确分节点[①]，而空间则可以看成是时间的自然参照物。由此可见，时间与空间存在着紧密相连、不可分割的关系。

① K. 里德伯斯．时间［M］．章邵增，译．北京：华夏出版社，2011.

野有遗穗

1931 年大洪灾的时候，湖北部分地区成为泽国，我们沔阳县（今仙桃市）也成为洪涝区。祖父、祖母拉扯着我十岁的大伯、七岁的父亲、四岁的姑姑，和众多遭水灾的人一起，到汉江北面的天门县（今天门市）逃水灾。当时政府给遭水灾的人发放的粮食补助数量不多，于是人们只好自己再想办法，比如打鱼摸虾、挖野菜采荷梗之类；但这样也不够吃，特别是我大伯、父亲、姑姑正是长身体的年龄，粮食显得严重不足。我祖母只好在当地农民收割水稻之后的农田里捡拾稻穗，聊以补充粮食之不足。然而，当地人对我祖母进行呵斥，并要没收我祖母捡到的粮食。我祖母的哀哀哭诉打动了当地人，那些捡到的粮食也成为渡过难关的救命粮。这些事情是父亲后来讲给我听的。

其实，野有遗穗，救济贫苦，是古今中外的风俗习惯和自然法则。白居易《观刈麦》写道：“复有贫妇人，抱子在其旁。右手秉遗穗，左臂悬敝筐。听其相顾言，闻者为悲伤。家田输税尽，拾此充饥肠。”这首诗是白居易任陕西盩厔（今周至县）县尉时所写的一首诗。同情弱小的风俗习惯与诗人的悲悯情怀在这首诗里都有反映。就我所知，最早记载这种风俗习惯的汉语文献是《诗经·小雅·大田》："彼有不获稚，此有不敛穧，彼有遗秉，此有滞穗：伊寡妇之利。"（那里有没割下来的嫩棵子，这里有没捆起来的稻谷草，那里有丢落的束束麦个子，这里遗漏的禾穗子也不少：都成了孤寡老妇的手中宝）先民们把惜老怜贫的行为记载下来，理所当然地成为后人遵守的良风美俗。《列子·天瑞》也有云："林类年且百岁，底春被裘，拾遗穗于故畦，并歌并进。"（林类将近一百岁了，到了春天还穿着粗皮衣，在田地里拾取收割后遗留下来的谷穗，一面唱歌，一面往前走）在孔门弟子子贡看来，林类年纪这么大还在田野拾穗，是因为少壮不努力；而林类和孔子认为这是看透死生、看淡荣辱的高人逸士才有的境界。不光如此，野有遗穗（此说出自唐代诗人陆龟蒙）还是自然法则的体现。清代诗人施士燝《东郊行》有云："野田有遗穗，鸟雀饱其馀。"这种做法既是"上天有好生之德"的德性体现，又是人与自然和谐发展、相互依存的自然法则的理性体现。

有一个非常有趣的微信表情包，是法国画家让·弗朗索瓦·米勒（1814—1875）创作于1857年的名作《拾穗者》的改编版：动态表情包把三位法国妇女捡拾的麦穗换成了红包。米勒的这幅名画是如此有名，以至于微信表情包设计者对此加以改编，寓通俗于高雅之中，人们在会心一笑的同时也获得艺术的熏陶。《拾穗者》描绘了农村中最普通的情景：秋天，金黄色的田野看上去一望无际；画面最前方是三个农妇，在收割后的田地里弯腰捡拾遗留在地上的麦穗；三个农妇在画面上斜向排开，姿态各异，动作不同。法国文学家罗曼·罗兰如此评价这幅画：米勒画中的三位农妇是法国的三位女神。麦田的主人，在收割的季节允许一些儿童和妇女到田野里拾取麦穗，这也是古代希伯来人传下来的行为准则。以色列典籍中关于拾穗的记载至少有如下几则：“在你们的地收割庄稼，不可割尽田角，也不可拾取所遗落的，要留给穷人和寄居的。”对看似琐碎的小事下达如此直接的诫命，对有田产的富人如此耳提面命，体现出对穷人以及底层民众的物质上的接济、感情上的抚慰和精神上的慰藉。“你进了邻舍站着的禾稼，可以用手摘穗子，只是不可用镰刀割取禾稼。”为了防止“我穷我有理”的民粹主义情绪大爆发，造物主也对弱势者进行安抚和约束，在细节指点上如此无微不至，全知全能、尽善尽美由此可见一斑。“路得就去了，来到田间，在收割的人身后拾取麦穗。她恰巧到了以利米勒本族的人波阿斯那块田里。”“这样，路得在田间拾取麦穗，直到晚上，将所拾取的打了，约有一伊法大麦。”如果说前两则是对富人和穷人的抽象诫命，第三则关于路得和波阿斯的经文把穷苦者和富人的行为准则结合起来进行指点，显得十分具有生活气息，更能见出造物主对哀苦无告、鳏寡孤独的弱者的无穷善意，对“为富有仁”者的无穷嘉许和美好祝福，对人类繁衍、瓜瓞绵绵的不尽期待，对人类走出丛林法则、走向真善美的循循引导。

今天，慈善事业所在皆有，慈善理念深入人心，这可以看作今人对野有遗穗的风俗习惯、自然法则和宗教信仰的发扬光大。无论东西，不问贫富，尽己所能救济穷困者蔚为大观，这是对“人皆有恻隐之心”的最好实践和诠释。

时间的不同面相

《淮南子》云："往古来今谓之宙，四方上下谓之宇。"现代天文学也认为空间和时间构成宇宙。空间看得见、摸得着，物质感十足，无论是从形而下还是形而上的角度，都不存在理解的障碍。而时间则不然——人类尽可以去精确地量度时间，却不能保证我们知道时间是什么。因此百科全书式的人物亚里士多德只能如此给时间下定义："时间是有关之前和之后的运动的量化量度。"而圣奥古斯丁对这个问题的回答更是广为人知："没有人问我时，我倒清楚；如果要我向一个问者解释，我却茫然了。"圣奥古斯丁对过去、现在、未来的思考似乎要颠覆人们的认识：在时间中，一切过去都好像被将来驱逐了，一切将来又都追随着过去，且过去和将来都出自现在。如果过去是不再存在而将来是尚未存在，过去和将来如何存在？即便单拿现在来说，我们能说当前这个月是现在吗？一天、一小时、一分钟、一秒钟，在什么时候是这个月唯一真正现在的部分？即便是所有可以想象的时间单位中最短暂的单位，它也将非常迅速地从将来转变成过去，它将根本“没有间隙”。因此，如果我们把“时间”理解为“时光的间隙”，那么，在圣奥古斯丁看来，这是一个可笑而低级的错误。尽管如此，人们还是孜孜不倦地对时间进行不懈的探索。

时间是永恒的终极命题，是定义宇宙秩序的坐标原点，是真善美、假恶丑、生与死、爱与恨的原始母题，是风俗习惯、自然法则、文化艺术、文明教化、宗教信仰、世俗生活、科学技术等领域共同关心、共同探索的问题。

一、物理 / 数学时间

读小学的时候，我常常被追及问题、相遇问题这些类型的数学题目整得找不着北，那个时候就觉得时间、距离问题是天字第一号难题。到后来进一步学到重力加速度，居然出现了 $g = 9.8\ m/s^2$，更是让驽钝如我者摸不着头脑。工作之后我向教物理的同事反复讨教，总算弄明白秒的平方（s^2）究竟是怎么回事，也大体明白了重力加速度的意思。后来读了一些科普作品，看了一些纪录片，结合自己对文学艺术里有关时间的理解，我越发觉得时间不可捉摸。

物理 / 数学主要致力于对时间做精确化的定量描述或者抽象化的定性描述。时间有时作为背景而出现，仅仅构成物理 / 数学世界的“舞台”或者是参照物；有时作为主要角色而出现，是独立于物质实体和过程的独立存在；有时依赖于物质、空间而存在，自身没有独立性可言。如果我们把 138 亿年前大爆炸的奇点看作端点，把从这一端点延续至今并且一直穿透未来的时间看作射线，那么物理 / 数学通常选择射线上的某一段线段进行研究。线性时间观把时间看作一支射向未来的箭。

二、心理时间

“一日不见，如隔三秋”“度日如年”，是形容物理时间很短，而心理时间很长的词句；“白驹过隙”“岁月如梭”“追忆逝水年华”，是形容物理时间很长，而心理时间很短的词句。内心感受到的时间没有固定标准，看上去无根无据，很不靠谱，却具有物理时间所不具有的内在真实性。不错，量度物理时间遵循客观世界的规律，具有不可变易、不以主观意志为转移的特性。然而，在“万物皆备于我”、强调人的主体性的观点看来，没有什么比人的内心真实感受更能突出人的主体地位的了。心理时间不遵从物理世界的规则和铁律，却遵从人类内心深处的情感律令、艺术律令、道德律令。正是人类在情感、艺术、科学、道德这些领域的主体性活动，给予物理世界以名称，描述物理世界以秩序，赋予物理世界以意义，才使得物质世界充满了诗情画意和存在意义。造物主创造的这个世界的精妙之处，端赖我们揭示其意义，才不辜负造物主的美意。正如人择原理所揭示的：“正是人类的存在，才能解释我们这个宇宙的种种特性，包括各个基本自然常数。因为宇宙若不是这个样子，就不会有我们这样的智慧生命来谈论它。”这些源于我们心理世界的心理时间，恰如莎士比亚的妙论：“时间的行走，对不同的人用不同的脚步。我告诉你，时间对谁是缓步，对谁是颠簸，对谁是狂奔，对谁是停步不前。”

三、生物时间

“寄蜉蝣于天地”，以只有一天寿命的昆虫极言人之寿命短暂；龟龄鹤寿，以传说中的万年龟、千年鹤作为长寿之人的象征；“上古大椿，以八千岁为春，以八千岁为秋”，则成为对父亲长寿的祝福。

十七年蝉是北美洲的一种蝉。它们在地底蛰伏十七年始出，尔后附上树枝蜕皮，然后交配。雄蝉交配后即死去，雌蝉亦于产卵后死去。十七年似乎是最佳的防范捕食者的时间，因为捕食者一般不会生存这么久，来和这个生命周期为质数的蝉保持同步。十七年蝉的这种奇特生活方式，为的是避免天敌的侵害并安全延续种群，因而演化出一个漫长而隐秘的生命周期。

化石是生活在遥远过去的生物遗体或遗迹所变成的石头。这些石头承载着造物主创造万物的秘密，印证着尤卡坦半岛的小行星撞击、恐龙灭绝的祸福相倚，蕴含着天崩地裂、陨石撞击、彗星来袭、冰天雪地、炎天暑热、飞沙走石、火山地震等灾变的信息。

年轮是树木关于时间的神秘语言，其间隐藏着生命的奥秘、荣枯的密码、气候的变化、节气的轮回。

生命周期是生物与宇宙节律保持同步的神奇天演：生物钟，昼夜交替，月相轮替，寒暑易节，二十四节气，花甲、古稀、耄耋之年……如果说造物主是一个大智大能的钟表匠，那么这些生命周期就是钟表上的刻度。

四、艺术时间

刹那即永恒，这句话用来描述时间艺术（音乐）是恰当的，用来描述空间艺术（美术）也是恰当的。

艺术时间与时间艺术的语序不同，意思当然也不同。时间艺术如果缺乏必要的载体，似乎容易消散在时空的隧道里而不为人所知。于是人们用语言对音乐进行描述，将音乐诉诸视觉形象（余音绕梁、三日不绝）、味觉形象（“三月不知肉味”）、触觉形象（“十二门前融冷光”），以此来感受音乐的灵动之美。时间艺术转换为空间艺术，艺术时间也得以在此暂住。

《吕氏春秋·古乐》记载了葛天氏之民的乐舞情形：“昔葛天氏之乐，三人操牛尾，投足以歌八阕。”借助文字对综合性艺术进行描述，看来也是无奈之举，却也不失为一种与时间相抗衡的有效手段。当然，今天的人类已经找到越来越多的传播媒介，足以保留时间艺术的成果。旅行者 1 号空间探测器于 1977 年 9 月 5 日发射，到 2018 年底处于离太阳 211 亿千米的距离，截至2022年底仍然正常运行。该探测器携带了一张铜质磁盘唱片，试图向外星文明展示我们人类的艺术成就，其中有莫扎特的《魔笛》、中国古曲《流水》、日本的尺八曲等。这种穿越时空的创举，显示了我们挣脱时间、空间限制的勇气。

空间艺术的介质决定了其所具有的独特优势。西班牙安达卢西亚洞穴内尼安德特人创造的壁画有 6.5 万年历史，南部非洲的岩画则有 2.8 万年历史——这些作品穿越时间，把远古先民的所见所感、所思所想呈现在我们面前，既让我们感受到艺术引领人类走出丛林和蒙昧的牵引作用，又让我们领会到时间在壁画、岩画上凝固恒定的艺术魅力。艺术并不遵从“时间之箭”射向未来的铁律，而是命令疾驰而去的箭镞停下来，钉在至今颜色不变的手掌印模上，钉在蛮力十足、低头角力的野牛上，钉在人兽拼尽全力、生死相搏的狩猎场上。于是时间在艺术面前改变其飞驰而去的特性，在人类的伟大创造力面前被摁下暂停键。

五、体育时间

1 秒、0.1 秒、0.01 秒，日常生活中闲抛虚掷、不以为意的一刹那，却被体育赋予非同凡响的意义，向人们诠释“更高、更快、更强”的奥运精神。截取相对时间中的某一小段，瞬息之间决定荣耀、胜利、光环、桂冠的归属，是人们对物理时间的一种颠覆，一种试图窥探造物主的神秘莫测的勇敢，一种对时间进行自定义的独特命名方式。人，以其体能和意志，以及对时间进行自定义的独出心裁，向平凡的日常生活展示不同凡响的一面，向造物主展示自己并不一任宰制的不屈不挠，正是奥运精义之所在，也是雅各与神摔跤的意义之所在。从这个意义上说，体育时间足以与物理时间分庭抗礼。

“垃圾时间”让人们更添新的认识。在足球、篮球比赛中，双方分差悬殊，落后方已经不可能将比分追赶上来，双方球员通常很默契地空耗时间，不再认真比赛，或者用替补队员把比赛打完，这段时间被称为“垃圾时间”。“垃圾时间”无关时间，无关胜负，却与规则、荣誉相关，与服从、尊重相关。其实，“垃圾时间”不只可以定义体育时间；无论是在历史世界还是现实世界，无论是世俗生活还是情感空间，都有不被人们珍惜甚而至于被当作垃圾的时间段。历史上的暗黑时间，比如胜负已定而胜者从容不迫、败者依然不服，比如第一次世界大战、第二次世界大战前后正义力量正大光明、频频示警，而邪恶力量穷兵黩武、恣意妄为……

六、宗教时间

“度尽劫波兄弟在，相逢一笑泯恩仇。”鲁迅诗里提到的“劫波”，是梵语“kalpa”的音译。佛教认为世界应经历无数劫，一劫相当于大梵天之一白昼，或一千时，即人间之 43 亿 2 000 万年，劫末有劫火出现，烧毁一切，再重新创造世界。一大劫含成、住、坏、空四劫，是一期世界之始末。这是循环时间观的主要看法。

造物主是第一推动力、万事万物的创造者，当然也是时间的创造者，主宰着过去、现在、未来的不可逆的延伸和流动，是时间之箭的射手，然而他却没有被限制在时间之中，当然也没有在时间之外，因为每个时间都是造物主存在的一个时间。这是线性时间观的主要看法。

前世今生、生命轮回、转世托生，是循环时间观在个体生命方面的说法。这些说法如此深入人心，即使是不大相信宗教的人有时也会脱口而出。阴阳家邹衍提出五德终始说，以五行相生相克、周而复始的循环变化观念，说明历代王朝的更替和制度的变化。这种说法为秦始皇所推崇，并为西汉董仲舒所继承。这是循环时间观在国家意识形态方面的显现。“人生代代无穷已，江月年年望相似”，是循环时间观在个人和自然方面的显现。“旧时王谢堂前燕，飞入寻常百姓家”，是循环时间观在家族盛衰兴亡方面的体现。“盛年不重来，一日难再晨”，是线性时间观在个体生命以太阳运行作为参照时的独特体验。“百川东到海，何时复西归？少壮不努力，老大徒伤悲”，是线性时间观把不可逆的时间比作流水。“岁月匆匆留不住，鬓已星星堪镊”“最是人间留不住，朱颜辞镜花辞树”，是线性时间观把人的相貌的变化与时间的流逝结合起来。“时间像奔腾澎湃的急湍，它一去无还，毫不留恋”“即使一动不动，时间也在替我们移动。而日子的消逝，就是带走我们希望保留的幻想”，是线性时间观对时间的一种直接描述和体验。

七、历史时间

从汉语语源学的角度来看，“历史”与“时间”密不可分。许慎《说文解字》说：“史，记事者也；从又持中，中，正也。”“史”的本义即记事者，也就是史官。由此引申，则代表被史官所记录的事，即所有被文字记录的过去的事情。“史”前加“历”字是指经历、历法，也就是人类经历的一段时间。从英语语源学的角度来看，英文 history（历史）源自希腊语 historia，本义为调查、探究。探究被文字记录的过去的事情，就成为历史的题中应有之义。

通史、断代史，左史记言、右史记事，国别体史书、编年体史书，史家所定义的历史时间具有惩恶扬善的示范作用和镜鉴作用，延续绵亘的历史时间所结出的果实是罕有其匹的历史巨著——二十四史。

汉语文化对历史充满宗教信仰一样的虔诚感、敬畏感，试图用历史及史官对权力进行制衡。《孟子》有云：“孔子成《春秋》而乱臣贼子惧。”然而，成王败寇的历史观总是试图对历史、时间、真实进行涂抹；权力也从来不忘制造偶像崇拜和暴力崇拜，而且屡屡得手，以至于梁启超认为，二十四史不过是二十四姓的“家谱”而已，是“地球上空前绝后之一大相斫书”，所有的本纪、列传只是“无数之墓志铭”的“乱堆错落”，“汗牛充栋之史书，皆如蜡人院之偶像”。

司马迁对历史更有形而上和形而下的三重期待：“究天人之际，通古今之变，成一家之言。”客观地说，司马迁的第三个目标确实已经达成，第一、第二个目标不是历史所能达成的，甚至可以说，不是有着巨大局限性的人类可以达成的。

时间的真实性、不可逆性、单向性、客观性、公平性、唯一性，在原始而本真的历史记载里得以尽可能以原貌呈现在人们面前。人们在“时间”这个维度里，能找到最为真实的依托，得到贴近生命本真的归属感。事件存在的唯一可能性，成为产生历史观的前提条件。于是，“以史为鉴，可以知兴替”得以从可能性变为真实性。

八、语言时间

《百年孤独》的开头脍炙人口：“多年以后，奥雷连诺上校站在行刑队面前，准会想起父亲带他去参观冰块的那个遥远的下午。当时，马孔多是个二十户人家的村庄，一座座土房都盖在河岸上，河水清澈，沿着遍布石头的河床流去，河里的石头光滑、洁白，活像史前的巨蛋。”这个开头，设想在未来的某个时间节点遥想过去，包含了过去、现在、未来三种时态，以“过去将来准会如此”的结构传达一种情感因素，具有极强的穿越时空的魔幻感。魔幻现实主义对时间和空间的独特感受，使其在文坛上独树一帜，从而创设了一种具有极其强烈的主观色彩和地域色彩的艺术时空。

就某些语言来说，时间是动词（形容词）、助动词、半助动词、副词和状语短语等以时态的方式表达出来的；而就另一些语言来说，时间是副词、助词、介词短语以修饰限定的方式表达出来的。当然，并不是每一种语言都以单一维度表述时间——尼日利亚的提夫族认为，“时间就像一间小屋子。有做饭的时间、访客的时间、工作的时间，而且当人们已经在某一时间里，就不能改换到另一时间里面”。[①]

时态（tense）是一种动词形式，不同的时态用以表示不同的时间与方式。它是表示行为、动作、状态在各种时间条件下的动词形式，在英语中有 16 种时态。

历时性和共时性是语言具有时间感的又一观察视角。历时性从纵向角度对语言表现出来的时代演变的历程进行研究，具有历史纵深感；共时性从横向角度对共同时空下的时代语言之间的关系展开研究，试图揭示人与人共存关系的逻辑和心理联系。

时间的确是客观存在，但也不能离开人们的理解和表达而孤立地存在。不同的时间感与语言时间观互为因果：线性时间观促使语言努力追求主次明确、枝干清晰的表达效果，而循环时间观会造成时间意识薄弱、语言表达具有旋涡状特点；珍惜时间的主体意识会强化线性时间观，听天由命、

① K. 里德伯斯．时间［M］．章邵增，译．北京：华夏出版社，2011.

主体意识沦丧会强化循环时间观。从这个意义上讲，语言实际上在形塑人的思维和行为，成为驱遣人们行动的一种重要力量。

九、通信时间

从面对面到远距离，从漂流瓶到青鸟信鸽，从鱼雁传书到驿站邮政，从电报电话到电邮微信，人们对通信交流可谓念兹在兹，无日或忘。为了通信的便捷，人们在通信的时效性上大做文章。人们以延时通信克服空间距离的阻隔，以即时通信克服时空距离所带来的久远，以语音保留技术克服声音消散的渺无踪迹。今天，人们在常态下几乎实现了无障碍通信，但人类并不以此为满足。

人们对交流的执着、对时效性的看重、对信息传播的孜孜以求，是强烈好奇心的一种表现，是表情达意、表达存在感的一种需要。“烽火连三月，家书抵万金”，让我们看到在战乱时期，信息交流和情感慰藉何等重要。“乡书何处达？归雁洛阳边”，让我们看到古人对信息交流的时效性和准确性深感忐忑不安、无从把握。“蓬山此去无多路，青鸟殷勤为探看”，让我们看到诗人在无可如何的现实情境下，只好请神话中的使者为自己殷勤致意，替自己去看望情侣。希腊神话中的赫尔墨斯（诠释学 hermeneutics 来自于此）是宙斯的传旨者和信使，能像思想一样敏捷地飞来飞去，可以想象这样的传播速度完全实现了同步、即时。

通信载体从矿石、金属、植物到塑料、金属、云记忆，极大地提高了通信的传播速度、保真程度和传输容量。信息反馈的速度如此为人们所重视，通信时间从滞后、延时到即时、同步、保存，成为推动工业革命时代向信息革命时代飞跃发展的巨大动力。人们总是不断寻找新的工具和方法，力求加快信息交流的速度，因此之故，提高通信交流的时效性也成为最具革命性的信息产业的第一推手。

十、二手时间

《二手时间》是诺贝尔文学奖获得者、白俄罗斯作家斯韦特兰娜·亚历山德罗夫娜·阿列克谢耶维奇创作的纪实文学。该书通过口述采访的形式，讲述了苏联解体后20多年社会转型中俄罗斯普通人的生活和他们为梦想破碎付出的代价。

二手，即旧的、用过的、间接的、辗转得来的。二手货、二手烟、二手时间……“二手”这个前缀词给人以低劣、奇怪、不得已、非正宗、不地道、无可奈何的感觉。在语法时态上，“二手”有过去完成时混合现在进行时的双重意味，然后又构成现在完成时态的效果，而且过去完成时是重点所在，现在进行时则是非重点所在；在时间意义上，“二手时间”是“一手时间”的延续和拓展，是“一手时间”打折后的勉强延续，是“一手时间”有过停顿和滞留后的未完待续。阿列克谢耶维奇把三代人所经历的74年红色乌托邦看作是“一手时间”，把此后的时间看成是前段时间的简单复制、被动忍受的阶段，这个阶段让很多人无法安顿好自己的身心，没有能力去享受原来所没有的多项选择（比如商店货架上从原来的空空如也到现在一下子就有了10种可供选择的香肠），在面对混乱和自由的时候无所适从。

“二手时间”不同于“垃圾时间”：前者是被动无奈、消极忍受；后者是大局已定、各安天命；前者是意义衰减、几近于无的延宕，后者是气定神闲、尊重规则的期待。

贾宝玉的“三体”观

“女儿是水做的骨肉，男人是泥做的骨肉。我见了女儿，我便清爽；见了男子，便觉浊臭逼人。”“等我有一日化成了飞灰，——飞灰还不好，灰还有形有迹，还有知识。——等我化成一股轻烟，风一吹便散了的时候，你们也管不得我，我也顾不得你们了。那时凭我去，我也凭你们爱那里去就去了。”这些是贾宝玉最有名的口头禅。在贾宝玉看来，构成男人身体的泥土是浊臭低下的物质形态，构成女儿身体和灵性的水是轻灵明澈的物质形态，构成理想状态的精神世界的飞灰、轻烟是了无羁绊的物质形态。

不妨这样理解贾宝玉的说法：在物质的三种形态中，固体形态的泥巴无灵无魂，只是物质的简单堆砌；液体形态的水灵动轻盈，是灵性舒展、自由不羁的象征；气体形态的轻烟无形无迹，是消泯自我、彻底解脱的境界。固体、液体、气体，这三种形体的特征被贾宝玉用来形容三种人的精神状态，成为贾宝玉“三体”观的核心部分——这是对千百年来形成的男尊女卑的风俗习惯、伦理道德、社会规范、意识形态的根本性颠覆，也是对平等博爱、灵性舒展、灵肉合一的无限神往。

从化学角度来看，人的物质构成如下：成年人体内约有 45 升水，大约占体重的 65%。人体里除了最主要的水之外，还有其他各类物质。体重约 70 千克的人包含的化学物质有碳 12 千克、氢 7 千克、钙 1 千克，还有少量的碘、钴、锰、铝、铬和银等。人体中，含有多种化学元素。一个人体内含的石灰质能粉刷一间小房间，含的碳能制作 9 000 支铅笔，含的磷能制 2 200 支火柴头，含的脂肪可制 8 块普通肥皂，含的铁能制 1 枚 25 毫米长的铁钉。[①] 由此看来，无论男性还是女性，肉身的成分没有什么区别，都是由固体、液体和气体构成的。正因为如此，人类才能集强韧、柔软于一身，才能成为“宇宙的精华，万物的灵长”。

从进化论角度来看，亿万斯年的演变——从 138 亿年前宇宙大爆炸的奇点开始，到 45.5 亿年前地球形成，40 亿年前由无机分子合成的有机小分子聚集在热泉口或者火山口附近的热水中，通过聚合反应形成了生物的大分子，再到 38.5 亿年前的有机碳，38 亿年前极端嗜热的古细菌和甲烷菌，35 亿年前的微生物，又到 500 万年前人与猿分道扬镳，25 万年前智人横空出世……终于有了钟灵毓秀、风流蕴藉的贾宝玉、林黛玉聚天地万物造化之精华，这确实是一个让人惊叹不已的历程。

这里虽然借用了刘慈欣《三体》里的说法，但其实要表达的是，一个完整的人由固态的碳、钙、碘、钴、锰、铝、铬、银，液态的水，气态的氢组成，也可以说是三体构筑成一个肉身化的完整的人。然而，一个人具备生物条件之后，并不一定就能在精神上必然形成完整的人格。贾宝玉所抨击的正是那些斗鸡走狗、骄奢淫逸、行尸走肉之辈，这些处于食物链顶端的梼杌饕餮一心以贪食好色为念，以营建等级尊卑为念，丝毫不关心人

① 熊思东，高海峰，等．精巧的生命［M］．上海：上海科学技术文献出版社，2018.

格，而是只关心权位、地位、名位，拼命把向往平等自由的人类社会拉回到弱肉强食的丛林社会，而且美其名曰：“天尊地卑，乾坤定矣，卑高以陈，贵贱位矣……乾道成男，坤道成女。”（《周易·系辞上》）等级尊卑的人类规则被移借为天地山川、日月星辰的特征，男尊女卑的人间秩序被原始的巫术式思维比附成宇宙最高秩序，成为千百年道统、学统、法统、政统的合法性来源的重要支撑。而贾宝玉独具慧眼，勇敢地用他那套看似荒诞不经、实则一针见血的说法，戳穿了几千年的把戏。他是那个说出皇帝其实什么衣服也没穿的小男孩的中国版。

贾宝玉对女性进行礼赞，把女性看作真善美的化身，他的所思所想、所作所为，与古希腊、古罗马、文艺复兴、现代社会的艺术追求和行为准则不谋而合。人格平等、地位平等、规则平等、过程平等被越来越多的文化接受。与平等背道而驰的性别歧视，对人类的另一半加以羞辱，从逻辑和事实来看，就会衍生出种种歧视：智力、地域、经济、年龄、文化、信仰、人身、种族、道德……贾宝玉口无遮拦地说出这个不证自明的观点，却被骂成孽胎祸种，而这仅仅是200多年前的事。今天，拜现代文明无远弗届所赐，不同文化背景的人逐渐在观念上认可平等，在行动上践履平等——每当我听到广播里响起“女士们、先生们”的声音，就能体会到“女士优先”的文明价值观力量之强大、传播速度之快。

对精神独立自由、灵魂无羁无绊的向往，是贾宝玉化身为轻烟之说的内核。无牵无挂，无拘无束，抟扶摇而上者九万里，灵魂遨游于天地之间，这是对肉身生存、社会生活之外的精神存在的向往。生存、生活、存在是人类在生物本能、现实社会、精神世界三个维度的不同状态。从这一点来看，贾宝玉与陈寅恪是穿越时空的知音——陈寅恪如此说：“惟此独立之精神，自由之思想，历千万祀，与天壤而同久，共三光而永光。”

从“雪夜关门读禁书”说起

皇权专制下的惶惑觳觫，告密文化下的阴毒叵测，抄家问斩时的血流成河，妻离子散时的哀苦无告……本来，“雪夜关门读禁书”似乎意味着自由、安全、温馨、独立，然而仔细忖度，上述凄厉惨烈的景象便不由自主地浮在眼前。

千百年来，中国文人或主动或被动地演绎着一部“儒林痛史”。主动者纷纷往皇权专制的大厦上添砖加瓦。由于他们的努力，先觉者不由发出“捣毁铁屋子”的呐喊。香草美人既是一种比喻，也是一种实况：在权势者既打又拉的手段下，知识者飞蛾扑火般地向权势者献上自己的操守和良知，献上自己的耿耿忠心，献上自己的聪明才智，然后津津有味地啃食权势者扔下的一根半根骨头，或者抢食权势者牙缝里剔除的肉屑，且手之舞之，足之蹈之，发而为歌，吟而为诗，并传诸后世。如果自己的种种努力不能换来权势者的垂青和眷顾，以至于不能获取微乎其微的机会，那就退隐山林去写诗吧——于是，对权势的礼赞、向往、吹捧成了几千年文学史的一根红线：什么“自谓颇挺出，立登要路津”，什么“花门楼前见秋草，岂能贫贱相看老”，什么“坐观垂钓者，徒有羡鱼情”，什么“凤凰初下紫泥诏，谒帝称觞登御筵”，什么“君王虽爱蛾眉好，无奈宫中妒杀人”，什么“昔日龌龊不足夸，今朝放荡思无涯”，什么“妆罢低声问夫婿，画眉深浅入时无”……连诗情勃发、逸兴遄飞、羁縻最少的唐代士人也如此追权逐势，迷失自我，遑论其他！于是“学成文武艺，货与帝王家”蔚然成风，民族的精英、社会的良心纷纷入彀——掉入权势的黑洞后，有滋有味地做起帮忙、帮闲、帮凶来。摧残民气必自摧残士林始！民心的浇薄、世态的炎凉、人情的冷暖伴随着知识者终极价值取向的单一化，正如古话所说，“火趁风威，风助火势”，权势的大火烧得人人热血沸腾，跃跃欲试，摩拳擦掌。于是，种种为皇权服务的学说如雨后春笋般冒出来：“天人合一”的核心在于以天上的紫微星象征地上的真龙天子的至高无上，臣子要服服帖帖，做听命状；“法、术、势”给帝王支着儿——如何玩平衡，如何驾驭臣下，如何让帝王天威莫测、臣子围着帝王转；道家学说则是为下台的官僚、失意的文人设计的一条退路，这条退路让官僚和文人内化为熨帖平和、表情冲淡，外化为感恩戴德、重出江湖；至于儒家学说，看起来好像包罗万象，有哲学、教育学、美学、政治学，但落脚点只在将一切学说泛伦理化，而泛伦理化的旨归只在于王权——一切都是为了让帝王舒舒服服地统治百姓而设计的——孝、悌、礼、义、廉、耻、仁的首席代表是“忠”，忠统帅一切，是“纲”“常”的灵魂，这就意味着自我意识的沦丧，意味着唯王命是从，意味着郭巨埋儿，意味着王祥卧冰，意味着烹子献王，意味着老莱娱亲，意味着娥皇女英同侍舜帝，并被后代文人津津乐道，意味着饱读诗书的大臣面对颟顸阴毒的慈禧太后诚惶诚恐，山呼万岁……“忠”成为国人集体无意识中积淀得最深厚的一块似铁一般坚硬的垢结。“忠”所衍生出的归依集体、人身依附的意识越来越强烈地作为种族遗传基因而传诸久远，而“独立之思想，自由之精神”与我们的距离何啻天壤之别呢！

一方面是犬儒对权势的景仰和歆羡，另一方面是苦弱者的哀哀倾诉和真的猛士不惮前驱及其被人遗忘的结局。“避席畏闻文字狱，著书都为稻粱谋”“心似已灰之木，身如不系之舟”“最是文人不自由”“千古伤心文化人”“不为无益之事，何以遣有涯之生”“一年三百六十日，风刀霜剑严相逼”……肉麻的趣味和媚势的颂歌掩不住惨烈的记忆和血写的痛史。真诚的思索和严肃的追问虽然往往伴随着双重的虐杀，但狭窄的生存空间、有限的生存资源和资源的分配方式迫使民族的良心们不断地探索：从雪泥鸿爪般的墨翟的科学理念、平等和平的思想到陈独秀对民主、自由、科学的呼唤和揭示，从惊鸿一瞥的杨朱对人性和政治实质的分析到鲁迅对人肉筵席和陈年簿子的诅咒，从关注苦弱者的吴敬梓、曹雪芹对知识者和妇女悲天悯人的关怀到鲁迅以博爱拯救国人日渐粗粝、冷漠、浅陋、伧俗的灵魂，我们也有独立的批判，冷峻的思索。

回头再来看看“雪夜关门读禁书”。据说这是读书人的赏心乐事之一：关起门来，躲进小屋，吴之荣们可能就不会来了；冰天雪地，夜深人静，如狼似虎的衙役大概也不会来了。收起白天的唯唯诺诺，收起白天的蝇营狗苟，且到意识形态或道德伦理的禁区里驰骋一番吧！汉语语境中的“禁”的这种非法治性、意识形态性、权力性、任意性，使得这一历时性的场景似乎是那样的令人心驰神往，然而却也让人悟得知识者精神世界衰颓荒芜的原因。左脑和右脑被两道紧箍咒给控制住，除了大批量地生产出市侩小人、玩世者，还能产生什么呢？除了能写出不痛不痒、不咸不淡或者不三不四、不伦不类的文章，还能有什么呢？或者还有一些愤世嫉俗者，他们说古不说今，说远不说近，兴窈窕之哀思，顾左右而言他，立意幽远，意犹未尽，文章之美可谓观止矣，却让人想起那令人心酸、心痛、心碎的话：满纸荒唐言，谁解其中味！

蓝脸鲣鸟不是我们的榜样

非洲南部的蓝脸鲣鸟，每次产下两枚卵后，先后孵化出小鸟；先出生的雏鸟哥哥（或姐姐），拼命狠啄后出生的雏鸟弟弟（或妹妹），并把弟弟（或妹妹）拱出成鸟的翅膀所形成的阴凉处；后出生的雏鸟在沙漠炽烈阳光的炙烤下，不一会儿就死了。

奇怪的是，鲣鸟妈妈对大雏鸟的行为不加制止，反而采取一种默许的态度；在小雏鸟死去后，鲣鸟妈妈下次也就只给大雏鸟喂食。这是为什么呢？原来，非洲南部的自然条件十分恶劣，食物极其紧缺，鲣鸟爸爸往往要飞行几百英里[①]，到海里捉鱼，来供给胃口很大的小鲣鸟，这样一直要喂三个月。鲣鸟爸爸没有能力供养两只小鸟，而鲣鸟爸爸妈妈为了保险起见，一次产下两枚卵，以防把全部的宝押在一枚卵上却孵不出雏鸟，于是就让后出生的雏鸟充当“备胎”。如果大雏鸟没有意外，那么小雏鸟的“备胎”任务也就终止。三个月后，鲣鸟爸爸妈妈不再喂食，大雏鸟必须在十

① 1英里约等于1.61千米。

天之内学会飞翔，学会自己捕食，因为它体内的脂肪只能支撑十天。这只鲣鸟如果能躲过海豹的攻击，能顺利学会飞翔和游泳，能学会从空中俯冲下来而不弄断脖子，能熬过食物短缺的季节，那么就有机会与其他鲣鸟一起，和海豚、海豹、鲨鱼、布氏鲸鱼组成海空立体捕捞团队，向多达 5 亿条的沙丁鱼群发起攻击，把那些沿着南部非洲的寒流向北洄游到德班附近的沙丁鱼追得惊慌失措，从而享受一顿饕餮盛宴。

在人类社会，我们常常用“亲如手足”来形容情感之深。然而，动物世界却经常上演手足相残的一幕：金雕幼鸟也会像鲣鸟这样以大欺小。更加令人惊奇的是杜鹃孵卵的寄生技巧——杜鹃成鸟把卵产在寄主鸟比如苇莺、画眉的巢内，杜鹃幼雏会将同巢的寄主的卵和幼雏推出巢外。中国文学里深情歌颂的悲情角色——杜鹃，原来却是一个投机取巧者和谋杀犯；而引发诗人悲情联想的杜鹃的凄厉叫声，实则是为了吸引画眉或苇莺的注意，并催促“养父养母”拼命为它觅食，以满足它越来越大的胃口。

由此看来，动物世界有其自身的丛林法则——一切以复制其 DNA 为最高准则。人类社会的道德伦理、社会准则、审美意蕴、行为方式和思维模式，与动物的至上准则了无关系。这就是说，如果人用人类社会的一套标准去衡量动物、要求动物并进而指责动物，是不折不扣的自作多情。

反过来，如果人把动物世界的丛林法则照搬到人类社会，那也必然是辜负了造物主灌注灵性给人类的一片苦心——因为人除了自身的生产和繁殖这一点与动物没有两样之外，还有更多的追求：人在进行某一行动的时候，不仅知道怎么行动，还努力想知道为什么这样行动，人会努力赋予自己的行动以一定的意义，人会努力使自己的行动符合人道、天道，努力使自己的行动合情、合法、合理；动物则没有如此之多的考量和盘算，一切行为、思维、情感只受其本能支配。如果人把动物世界的丛林法则当作自己的行为准则，那就是在降格以求。

然而，可悲的是，我们却把丛林法则当作最高智慧。物竞天择，适者生存，优胜劣汰，天演进化，这些适用于动物世界的准则，曾经而且至今都是我们耳熟能详的“真理”。严复断章取义地介绍赫胥黎的理论，把《进化论与伦理学》腰斩为《天演论》，把赫胥黎诸如“猿与虎的生存斗争方法与健全的伦理原则是不可调和的”此类观点完全舍弃，在中国开一时风气之先。社会达尔文主义甚至一度被当成起死回生的灵丹妙药。梁启超《自由书·豪杰之公脑》写道：“盖生存竞争，天下万物之公理也。既竞争则优者必胜，劣者必败，此又有生以来不可避之公例也。”思想文化、新闻传媒、文学艺术的各界人士如获至宝，一时都以谈论竞争、天择、天演、适应、生存为时髦，达尔文和赫胥黎一下子成了妙手回春的在世华佗，天演论也成为宇宙间的终极真理。

成熟理性的民族往往能够认识到事物的复杂性，并努力在各个方面找到平衡点，以达到认知全面、兼顾各方、驾驭全局的目的。应该看到，道德和力量各有其重要性，二者的关系犹如方向盘和发动机的关系。然而，在更多的情况下，我们是泛道德主义者，我们往往喜欢占领道德制高点，认为道德是万能公式，道德是评判事物的唯一标准——“好”“坏”这类充满道德意味的词汇是我们的口头禅。

请看光绪（实际上主张宣战的是慈禧）在1900年6月21日义和团运动时期向八国联军宣战的诏书：“朕今涕泪以告先庙，慷慨以誓师徒，与其苟且图存，贻羞万古，孰若大张挞伐，一决雌雄？彼仗诈谋，我恃天理；彼凭悍力，我恃人心。无论我国忠信甲胄，礼义干橹，人人敢死，即土地广有二十余省，人民多至四百余兆，何难翦彼凶焰，张国之威。”后来的事实表明，与其说这份诏书是一个道德至上主义者占据制高点的宣言，不如说这是一个昭示道德和力量双重破产的宣言。于是，在四处碰壁之后，泛道德主义者一下子成为反道德主义者；于是，我们弃道德如敝屣；于是，在我们的欢呼声中，社会达尔文主义闪亮登场。

弱肉强食本来是人的天性中动物性黑暗面的体现。但是人性不是只有黑暗面，还有追求真善美的光明面。如果黑暗取代光明，那么人类社会就是率兽食人的阿鼻地狱；如果光明取代黑暗，那么人人都是安琪儿——事实上，无论是个体还是群体，光明和黑暗此消彼长，谁也无法取代对方，因此人性也就成为神性和动物性之间的一种状态。严复翻译介绍、国人所理解的社会达尔文主义，过分强调人性中动物性本能的一面，忽视道德伦理、公平正义的引领作用，这就为恶性竞争、不择手段埋下伏笔。其实，达尔文主义只是一种关于生物进化的假说。这个理论只适用于生物界，不适用于有灵性追求、有道德约束的人类，就像实数范围内的定律公式不能适用于虚数领域一样。

真正说来，对人类社会而言，优胜劣汰是个伪命题。何谓优劣？谁来评定优劣？如何胜出？如何淘汰？谁来裁判？谁来执行？恐怕谁也没法给出答案。因此，在承认人的差异性的前提下，不要草率地说孰优孰劣。

今天，我们崇奉博爱、平等，就像渴盼阳光照耀那样。我们怜恤弱者：道路建设铺设盲道，公共交通设施方便不良于行者，播报新闻配以手语，货币上面印刷盲文，语言文字消除歧视……相信随着文明程度的提高，会有更多的公平之举出现在我们的生活中。

著名生物学家、哈佛大学教授斯蒂芬·杰·古尔德说：“我们对崇高意义的追求，绝不会受到威胁，因为只有人类的道德意识，才是它唯一的源头。”蓝脸鲣鸟不知道崇高意义为何物，也不知道道德意识为何物，但我们知道；造物主赋予蓝脸鲣鸟的使命就是生存和复制DNA（脱氧核糖核酸），除此之外别无他求；造物主赋予人类的使命则是理解造物主的神妙和宇宙法则，并进一步去体现、追求公平和正义——在这个意义上，蓝脸鲣鸟、杜鹃、金雕绝不是我们人类学习的榜样，社会达尔文主义可以休矣。

幸福不是橡皮泥

倒写的“福”字在汉语世界受欢迎的程度，充分表明国人追求幸福的愿望之强烈。然而，在什么是幸福、如何追求幸福等问题上，却是言人人殊、暧昧混沌。

“福”的原初意义，表示用酒祭神，祭神自当获福，得神之助。在此基础上，国人有了对福禄寿喜、福星高照的追求，有了象征物质富足的胖乎乎的福娃，有了倒写的“福”字。汉语思维本来注重感性，人们对幸福的理解尤其体现了暧昧混沌的特征，于是幸福就越发像一个任人打扮的小姑娘，或者像一团任人捏弄的橡皮泥。如此这般，都在表明：我们追求的形而下的幸福，不过是一种由本能主导的原始欲望的满足而已。

如果我们对幸福的理解本来就浅陋低俗，那么对幸福的追求势必眼浅短视。我们不能把自己的头脑交给那些忸怩作态的代言人，把追求幸福的权利交给主宰者……不是不能对幸福有诗意的表述，而是那些把失业、挣扎美化为幸福的无良文人令人反感；不是不能对幸福有诗意的描述，而是不能永远停留在这种感性化的理解上；不是不能对幸福有诗意化的描述，而是更应该有精确明晰的研究和表述。

看看坊间所谓的东方式智慧是如何糊弄我们的：

一个人去向大师诉苦，说自己的住房多么狭窄，父亲母亲、老婆孩子拥挤在一间小屋里，苦不堪言。大师如此支着儿：你把鸡鸭也关在房里。这个人照此办理后更加苦恼，又去向大师请教。大师说：你再把鸡鸭赶出房子试试看。这个人照此办理后高兴地对大师说：我感觉我们的生活比蜜甜。

庄禅式的狡猾加上滑头式的摇摆就是这样愚弄着我们，败坏着我们对幸福的胃口，混淆着我们对幸福的理解，削弱着我们对幸福的追求。

再看坊间智慧之二：

一只老虎在野外奔波，为获得食物殚精竭虑，不由得十分羡慕关在笼子里的不愁吃喝的同类。刚好笼子里的老虎也厌倦了那种生活，于是互相换位。可是，自由惯了的老虎关在笼子里后，抑郁而死；当宠物当惯了的老虎失去了在野外获取食物的能力，饥饿而死。寓言的末尾就是画龙点睛的智慧评语：对人类来说，适应的就是最好的。照此类推：对猪类来说，吃饱喝足任人宰杀就是最大的幸福。

在一些“心灵鸡汤”类文章的影响下，不少孩子的灵性渐渐被戕残净尽，心灵空间被这些小智黠慧的狗尾巴草和榛莽荆棘所挤占。明明不可以类比却偏偏要类比的孟子式的论辩方式和思维方式左右着我们，“此亦一是非，彼亦一是非”的滑头式的虚无让我们自以为全面正确，万能公式般的辩证演变为不讲逻辑的诡辩和胡搅蛮缠。心智发育的残缺不全，使得我们的言说成为“类人孩”捏弄橡皮泥的游戏。

无论是倒写的“福”、胖乎乎的福娃，抑或是用蝙蝠和梅花鹿象征福禄、把福禄寿喜四星画得慈眉善目，似乎都没有走出东汉时期的图谶经纬那一套。

幸福不是可以随意捏弄的橡皮泥，幸福也不是充满轻蔑的嗟来之食。最大多数人的最大幸福是权利具有合法性的唯一根据。

幸福本来是有着明晰确切的内涵和外延的。幸福没有中西华夷之分，人类的研究成果不应该因意识形态的偏见而被阻隔。

伊壁鸠鲁认为，快乐是“幸福生活的起点和目标”，幸福就是长时间的快乐。快乐包括三样东西：友谊、自由和思想。

亚里士多德认为，由德性（勇敢、谦虚、进取、诚实、节制等）所带来的快乐就是幸福。

1998 年诺贝尔经济学奖得主阿马蒂亚·森认为，人才是发展的中心，发展的最根本目的就是为人谋福利。森把发展定义为“扩展人们享有的真实自由的一个过程”。他所说的自由，包括人们免受与贫困相连的各种困苦的能力，包括人们享有运用其经济资源去消费、生产或交换的机会，包括教育、健康等方面的社会安排，包括人们在社会交往中的信用以及交往过程的公开性、对信息的发布及其准确性的保证，包括防护性保障，即为了济贫、赈灾、救济、扶助老弱病残等目的而建立的社会安全网。

现代社会学家认为，幸福有四个要素，包括基本的物质条件、自由（思考的自由、表达的自由、信仰的自由、交往的自由、迁徙的自由等）、安全、充分（充分既是就时间意义而言的，也是就教育内容的全面开放而言的）的教育。这四个要素既有形而下也有形而上的色彩，体现了幸福作为人的终极追求的完整性和丰富性。

过分强调主观感受性和变通性的幸福绝不是真正的福祉，只是关在家里的意淫而已。人们对幸福的追求是不可阻遏的，追求幸福是人们不可剥夺的神圣权利。

乌托邦何以能蛊惑人心

一

出于对幸福、自由、平等的不懈追求，出于对人类理性的充分自信和人类道德完善的高度期许，出于对丛林法则的厌弃，人类一直没有放弃对理想社会的设计和不懈的追求。思想家们往往希望建立起一个普遍幸福的理性的国度、地上的天国，许诺给人们带来一个一步到位的人间天堂。

道德和智能的无穷滋孽让人产生完美无缺、至高无上、无所不能、无所不知的幻象，自以为人类是宇宙的主宰、万物的灵长，于是生杀予夺、大权在握的满足感把人类引向狂妄、虚伪的泥淖。而且对道德和理性的自我期许越高，我们如脱缰野马冲向万丈深渊的速度就越快。

饶有趣味的是，一种乌托邦设想者对智能有着高度自信，总是试图以理性智识为主要手段建构人间天堂；另一种乌托邦设想者有的以道德完善为手段和目的，有的以事实上并不存在的动物状态的平等和自由为追求目标，在心智上则以追求反智化的动物状态为鹄的。

二

西方文明的主体由如下部分组成：耶路撒冷的神性精神，雅典的理性精神，罗马的法治精神，伦敦的宪政精神，巴黎的革命精神，纽约的自由、平等精神。耶路撒冷的神性既在文明起源的时间上具有先导性，又在人的精神活动和世俗活动中具有先导性。尚未充分沐浴神性光辉的雅典理性精神中，柏拉图的理想国的构想即是西方文明试图在地上建立天国的肇始。

柏拉图认为，理想的社会必须是“公道”的实现。所谓公道的实现，就是统治者、守卫者和生产者和衷共济，各司其职，不易其位，造成一个既有秩序又人人安乐的局面。柏拉图指出，理想的公道社会必须具备以下几个特点：

全社会必须以哲学家为王——只有哲学家才能透过虚假的物质世界把握真实的理念世界，认识最高的“善”，从而把握治国的知识；

统治阶级实行财产、亲属共产制——私有财产是一切罪恶的根源，人世间的一切争端，无不发自金钱、子女、亲属等；

女子要在职务上、责任上与男子平等——雅典妇女只是男子的装饰和陪衬，柏拉图认为这是很不正常的社会现象；

消除赤贫和过富——赤贫和过富是造成社会技艺退化和道德退化的两大因素；

强化社会控制——要控制人的思想信仰，建立严格的出版物检查制度；

国家规模适度——规定国家规模的标准应该是统治者能否实现国家的统一，理想城邦的人口规模当在 5 040 人。[①]

柏拉图关于理想国的构想成为西方乌托邦思想的源头。当代最伟大的思想家卡尔·波普尔认为柏拉图与黑格尔一起成为开放社会的敌人。在关

① 侯钧生．西方社会学思想进程［M］．沈阳：辽宁人民出版社，1988.

于国家的构想中，柏拉图极端崇信人的理念可以达至善之境，哲学王（中国古代的道家和儒家所说的“素王”与此类似）实际上僭越了人的本位而成为地上的神。理性精神就这样被自负的人夸大为可以与神的光辉相媲美。

“乌托邦”一词，是拉丁文 utopia 的音译，出自希腊文 ou（无）和 topos（处所），意即“没有的地方”。汉语中与此类似的表达是庄子的“无何有之乡”。

托马斯·莫尔的乌托邦思想主要由如下观点构成：反对私有制，主张财产实行公有，称赞柏拉图的财产公有制思想；乌托邦实行“按需分配”的原则；社会的动荡不安，根源在于人民的贫穷；社会秩序单靠苛刻的法律是不能奏效的，只有造就一个良好的社会环境，才能从根本上杜绝犯罪现象；领导人应该以选举的方式产生，候选人由人民自己选定；除总督一人是终身制外，所有官员均一年一选；乌托邦的教育是学校教育与社会教育并重，儿童从小就在学校接受农业教育和从事农业实践，树立务农为本的思想，儿童学习祖国语言和各种科学技术。

托马斯·莫尔的“关于最完美的国家制度”——乌托邦——成为标志性词语，蛊惑着厌弃暴政、向往理想世界的人们。令人惋惜的是，这个构想是基于对人性的错误认识，这个错误认识就是人的理性和人的道德可以创造出最完善的国家制度。如果可以选择的话，人们当然愿意选择最好的制度。然而人的缺陷注定只能使人在最优、次优、最不坏、坏、最坏之间选择最不坏的那个。这个结论既是基于对神性的认识，也是基于对现实人性的足够清醒的认识。

培根在《新大西岛》中也为我们构想了一个理想的乌托邦社会。这个理想岛国名叫本色列，国王名叫所罗蒙那。所罗蒙那是本色列的立法者，他“宽仁大度，广行善政，一心一意为他的国家和人民谋幸福”。本色列有一种特殊的社会组织，叫作所罗门之宫。所罗门之宫是一个教团，也是一个公会，是本色列的最崇高的社会组织，本色列人称之为国家的“指路明灯”。所罗门之宫的目的是专门“研究上帝所创造的自然和人类”，“探讨事物的本原和它们运行的秘密”，实行人类的“一切理想”。显然，本色列的所罗门之宫是一个学术团体和科研机关。

培根具有丰富的科学想象力，他在自己的理想国中提出了许多科学的预见。他对所罗门之宫的组织结构和科学设施的描绘，他对建立这个机构的目的和工作方法的规定，开创了近代欧洲的实验科学。培根在《新大西岛》中所描绘的理想社会，就是科学主宰一切的社会。

显而易见，培根把建立地上天国的希望寄托在道德完善的国王和理性高度发达的科学家身上，是一个双重错误：目的是一种对人的本性的越位，手段也是不切实际的过高期许。

康帕内拉的《太阳城》为人们虚构了一个没有私有制、没有剥削和压迫的理想社会。太阳城位于赤道附近的一个岛上，它筑有七道组成同心圆的坚固的城墙，城墙之间是七个广阔的地带，城中心的山顶上矗立着巍峨壮观的神殿。太阳城的最高统治者是一位祭司，被称为“太阳”或“形而上学者”。他是世俗界和宗教界的总首脑，一切问题和纠纷都由“太阳”最后决断。“太阳”必须懂得哲学、神学和各种科学，懂得世界的必然性和存在物的等级。汉语中的类似表述是“君师合一”。担任“太阳”职务的人必须在 35 岁以上。一旦发现更有治国能力和更贤明的人，“太阳”便主动让贤。“太阳”有三位下属：“威力”“智能”和“爱”。“威力”掌管军事，是战时的最高统帅；“智能”管理艺术、手工业和各种科学部门，是职员和科学家的领导者；“爱”掌管有关衣、食和性行为的工作，许多男女教师在“爱”的指挥下从事这项工作。

太阳城没有阶级之分，因为太阳城消除了私有制，因而消除了贫富的对立、城乡的对立、脑力劳动和体力劳动的对立。“他们的公社制度使大家都成为富人，同时又都是穷人：他们都是富人，因为大家共同占有一切；他们都是穷人，因为每个人都没有私有财产。”①

圣西门、傅立叶和欧文所描述的空想社会主义反映了人们对工业革命时代的理想社会的愿望，施蒂纳、蒲鲁东、巴枯宁、克鲁泡特金的无政府主义认为最高理想就在于自发秩序和无政府的结合。

三

东方乌托邦带有明显的诗性逍遥的色彩。这种诗性逍遥色彩是后人追加给氏族社会的。由于人们暂时无力走出黑暗时代，使文明沿着神性导引和理性规范的方向充分发育，于是或者试图依托道德的完善，或者连同道德也彻底放弃，返回到反智化的动物状态去享受那种“不识不知、顺帝之则”的原始平等（实际上弱肉强食的动物世界不可能有什么平等可言），去享受虚拟的、事实上根本就不存在的自由——动物只有自然，而没有自由。

《老子》有言：

> 绝圣弃智，民利百倍；绝仁弃义，民复孝慈；绝巧弃利，盗贼无有。
>
> 古之善为道者，非以明民，将以愚之。民之难治，以其智之。故以智治国，国之贼；不以智治国，国之福。
>
> 小国寡民，使有什伯之器，而不用；使民重死，而不远徙；虽有舟舆，无所乘之；虽有甲兵，无所陈之；使民复结绳而用之。甘其食，

① 康帕内拉．太阳城［M］．陈大维，黎思复，黎廷弼，译．北京：商务印书馆，2017.

美其服，安其居，乐其俗；邻国相望，鸡犬之声相闻，民至老死，不相往来。

老子的乌托邦抹杀了人的社会化这一根本特征，不仅反智化倾向强烈，而且反道德、反规范的倾向也十分强烈。老子主张回到静态、封闭的部落状态中去，过一种没有文字、没有交流、没有智能的发育、没有器物的发明和运用、没有战争、没有法治、没有规范的生活。这种设想的根本原因是战争对人性的摧残，让老子对和平产生了一种过于强烈的向往，因此认为为了获得和平这种稀缺状态而放弃道德、智识是必然且必要的。老子的反战思想使得他把与战争相关的一切文明成果予以毁弃，就像一个无法容忍脏水的人把预示着希望的婴儿也泼出去一样。如果说绝大多数乌托邦是一种向前看的不可实现的理想化社会状态设计，如果可以把老子的设计看成是乌托邦，那么不妨说老子的乌托邦是走回头路的返祖化恋旧心态的幻影的投射。

《庄子·胠箧》有言：

故绝圣弃知，大盗乃止。擿玉毁珠，小盗不起。焚符破玺，而民朴鄙；掊斗折衡，而民不争。殚残天下之圣法，而民始可与论议。擢乱六律，铄绝竽瑟，塞瞽旷之耳，而天下始人含其聪矣。灭文章，散五采，胶离朱之目，而天下始人含其明矣。毁绝钩绳而弃规矩，攦工倕之指，而天下始人有其巧矣。故曰：“大巧若拙。”削曾史之行，钳杨墨之口，攘弃仁义，而天下之德始玄同矣。彼人含其明，则天下不铄矣；人含其聪，则天下不累矣；人含其知，则天下不惑矣；人含其德，则天下不僻矣。彼曾、史、杨、墨、师旷、工倕、离朱，皆外立其德，而以爚乱天下者也，法之所无用也。

这段话的意思是：断绝圣人摒弃智能，大盗就能中止。弃掷玉器毁坏珠宝，小的盗贼就会消失。焚烧符记破毁玺印，百姓就会朴实浑厚。打破斗斛折断秤杆，百姓就会没有争斗。尽毁天下的圣人之法，百姓方才可以谈论是非和曲直。搅乱六律，毁折各种乐器，并且堵住师旷的耳朵，天下人方才能保全他们原本的听觉。消除纹饰，离散五彩，粘住离朱的眼睛，天下人方才能保全他们原本的视觉。毁坏钩弧和墨线，抛弃圆规和角尺，弄断工倕的手指，天下人方才能保有他们原本的智巧。因此说："最大的智巧就好像是笨拙一样。"削除曾参、史鳍的忠孝，钳住杨朱、墨翟善辩的嘴巴，摒弃仁义，天下人的德行方才能混同而齐一。人人都保有原本的视觉，那么天下就不会出现毁坏；人人都保有原本的听觉，那么天下就不会出现忧患；人人都保有原本的智巧，那么天下就不会出现迷惑；人人都保有原本的秉性，那么天下就不会出现邪恶。那曾参、史鳍、杨朱、墨翟、师旷、工倕和离朱，都外露并炫耀自己的德行，而且用来迷乱天下之人，就是圣治之法没有用处的原因。

如果说老子以滞涩的语言向我们描述了一种事实上根本不能说是乌托邦的状态，那么庄子则是以汪洋恣肆的言说方式，为我们描述了一种人性所难以拥有的自由状态，即逍遥游。与其他巨子相较，庄子是一个难得的关注自由的人。身处乱世的庄子难以获得身心的双重自由，只好在心灵的自由世界里放飞思想的鸽子，任凭这只鸽子向高空飞翔，即使因为高空缺氧而使这只鸽子窒息坠落也不自觉。庄子把个体在物理世界的蜷缩和迟钝、毁弃现实世界的一切规范当作心灵世界自由的前提。这种由乖谬的现实世界所施加的二律背反在后世绵延不绝，使得完整意义上的自由越发成为汉语语境中的稀缺品。形体的萎缩和心灵的委顿往往是相生相随的，像庄子这样具备超强反拨力量的人毕竟少见，于是自由在汉语语境里销声匿迹也就成为不可避免的遭遇。

《论语·泰伯》有言：

子曰：“大哉尧之为君也！巍巍乎！唯天为大，唯尧则之。荡荡乎，民无能名焉。巍巍乎其有成功也，焕乎其有文章！”舜有臣五人而天下治。武王曰：“予有乱臣十人。”孔子曰：“才难，不其然乎？唐虞之际，于斯为盛。有妇人焉，九人而已。三分天下有其二，以服事殷。周之德，其可谓至德也已矣。”子曰：“禹，吾无间然矣！菲饮食而致孝乎鬼神，恶衣服而致美乎黼冕，卑宫室而尽力乎沟洫。禹，吾无间然矣！”

现实世界的失序和个体的无能为力使得孔子掉头回顾，把视线向往古回溯，试图以虚拟的往古构筑一个道德完美的乌托邦，作为现实世界的准则。上托尧舜以便为自己设计的规范和准则增加权威性，这种话语策略被反复运用，让人们产生一种把虚拟当现实的思维定式，现实世界的不作为和言语上的祖述尧舜如此奇怪地合而为一，让人们把自己的那点有限的智慧用于赞美往古的茫漠，赞美僭越神性的完美道德，而不是用于建构基于人性的可行的政治科学和政治哲学。

《孟子·尽心章句上》有言：

孟子曰：“伯夷辟纣，居北海之滨，闻文王作兴，曰：‘盍归乎来！吾闻西伯善养老者。’太公辟纣，居东海之滨，闻文王作兴，曰：‘盍归乎来！吾闻西伯善养老者。’天下有善养老，则仁人以为己归矣。五亩之宅，树墙下以桑，匹妇蚕之，则老者足以衣帛矣。五母鸡，二母彘，无失其时，老者足以无失肉矣。百亩之田，匹夫耕之，八口之家足以无饥矣。所谓西伯善养老者，制其田里，教之树畜，导其妻子，使养其老。五十非帛不暖，七十非肉不饱。不暖不饱，谓之冻馁。文王之民，无冻馁之老者，此之谓也。”

现实情怀是孟子有别于庄子的关键——因此，与其说孟子在这里的设计是乌托邦的，倒不如说孟子是世俗生活的关注者和建构者。这种现实情怀可能让孟子无暇顾及心灵的自由，却具有很强的现实感。孟子认为获得这种幸福的途径是仁义。逻辑上不能自洽和现实层面不具可操作性以及封建统治的证伪，在在表明：孟子政治哲学的凌空蹈虚不能引领我们走出暴力循环的怪圈。

《墨子·兼爱上》有言：

> 若使天下兼相爱，爱人若爱其身，犹有不孝者乎？视父兄与君若其身，恶施不孝？犹有不慈者乎？视弟子与臣若其身，恶施不慈？故不孝不慈亡有。犹有盗贼乎？视人之室若其室，谁窃？视人身若其身，谁贼？故盗贼有亡。犹有大夫之相乱家、诸侯之相攻国者乎？视人家若其家，谁乱？视人国若其国，谁攻？故大夫之相乱家、诸侯之相攻国者有亡。若使天下兼相爱，国与国不相攻，家与家不相乱，盗贼无有，君臣父子皆能孝慈，若此则天下治。

以宗教道德取代社会道德，以道德完善取代政治运作和权力制约，是东方思维的惯有方式。神性意识的匮乏使人们不能认识到人性在道德和智识上的巨大缺陷，因而权力制约意识成为人们思维的盲点。正因如此，虽然墨子的思想里有着汉语思想里显得异常可贵的没有差等的爱的意识，但试图以宗教道德意识作为人间政治行为指南，毫无疑问会败在阴鸷的法家手上。

陶渊明《桃花源记》有言：

> 晋太元中，武陵人捕鱼为业。缘溪行，忘路之远近。忽逢桃花林，夹岸数百步，中无杂树，芳草鲜美，落英缤纷。渔人甚异之，复前行，欲穷其林。林尽水源，便得一山，山有小口，仿佛若有光。便舍船，

从口入。初极狭，才通人。复行数十步，豁然开朗。土地平旷，屋舍俨然，有良田、美池、桑竹之属。阡陌交通，鸡犬相闻。其中往来种作，男女衣着，悉如外人。黄发垂髫，并怡然自乐。见渔人，乃大惊，问所从来。具答之。便要还家，设酒杀鸡作食。村中闻有此人，咸来问讯。自云先世避秦时乱，率妻子邑人来此绝境，不复出焉，遂与外人间隔。问今是何世，乃不知有汉，无论魏晋。

既然“他人即地狱”，既然人间杀伐不断，那就干脆躲到一个不为外人所知的地方，过一种小国寡民的生活。说起来，陶渊明的这种设想只不过是老子乌托邦思想的文学化表述。文学与生俱来的穿透力，使得桃花源成为烛照千古、穿越雾瘴的最深入人心的中国式乌托邦。

清咸丰三年（1853），太平天国建都天京后颁布的《天朝田亩制度》是一个包括政治、经济、军事和社会生活等方面的农民革命纲领。其基本思想是反对土地完全归地主占有，主张土地平分，提出“凡天下田，天下人同耕”的原则，实现的办法是“凡田分九等”，“分田照人口，不论男妇”，十六岁以上受全份，十五岁以下减半，土地“好丑各一半”，以期建立一个“有田同耕，有饭同食，有衣同穿，有钱同使，无处不均匀，无人不饱暖”的理想社会。这个纲领从原则上否定了封建土地所有制，但它的绝对平均主义的做法是行不通的。实际上太平天国始终没有平分过土地。《天朝田亩制度》还规定产品的分配，根据“天下人人不受私，物物归上主”的原则，每户留足口粮，其余归圣库。太平天国定都天京后，在首都建立了“圣库”，总管公有财产，除一切缴获和征收归圣库外，还规定“商贾资本，皆天父所有，全应解归圣库”。这就把私有的金银、粮食、货物、房产等均收归公有，贵重物品缴入圣库，日常用品分别收藏在堆栈，或者由典官保管。同时，又制定了供应官兵和人民生活需要的制度。太平军中，上至天王，下至士兵，都设有定额的薪饷，都不准私藏财产。生活所需的粮米油盐和其他费用均由圣库供给。太平天国的理论和实践是中国千百年来农民乌托邦的一个总结。这个总结是如此血腥，却并没有让人们从这里学到什么。

康有为的《大同书》气魄宏大，视野开阔，既有理论思辨，也有方案设计；既有史事记叙，也有激情议论；既有生动描绘，也有虔诚预言：描绘了一幅平等、独立、民主、幸福的理想社会蓝图。它的风格类似乌托邦宣言。全书分十个部分：入世界观众苦，去国界合大地，去级界平民族，去种界同人类，去形界保独立，去家界为天民，去产界公生业，去乱界治太平，去类界爱众生，去苦界至极乐。主要观点如下：

其一，康有为指出私有制是导致贫富差距的重要根源。他说："盖许人民买卖私产，既各有私产，则贫富不齐，终无由均。""若夫工业之争，近年尤剧。盖以机器既创，尽夺小工……而能作大厂之机器者，必具大资本家而后能为之。故今者一大制造厂、一大铁道轮船厂、一大商厂乃至一大农家，皆大资本家主之。一厂一场，小工千万仰之而食，而资本家复得操纵轻重小工之口食而控制之或抑勒之，于是富者愈富，贫者愈贫矣。"

其二，大同之世，计划性组织生产，实行按劳分配原则，人们的生活幸福美好。康有为注意到私有制经济基础上自由竞争的弊害，当然，他将之归罪于达尔文主义，如谓："近自天演之说鸣，竞争之义视为至理，故国与国陈兵相视，以吞灭为固然……以才智由竞争而后进，器艺由竞争而后精，以为优胜劣败乃天则之自然，而生计商业之中尤以竞争为大义。此一端之说耳，岂徒坏人心术，又复倾人身家。"

其三，大同之世，人人都须参加劳动，劳动光荣，工人具有很高的社会地位。劳动成为一种美的享受，"等于逸士之灌花，英雄之种菜，隐者之渔钓，豪杰之弋猎而已"。

其四，康有为强调平等乃天赋人权，侵犯这一权利为“侵天权”，而如主动让出这一权利即是“失天职”：“人者，天之所生也，有是身体，即有其权利。侵权者谓之侵天权，让权者谓之失天职。”

其五，大同之世，妇女地位得到前所未有的提高，真正从被压抑、受奴役的境地解放出来，与男子享受到同等权利。康有为满怀义愤之情地谴责对妇女的屈抑：“天下不公不平之事，不过偏抑一二人，偏重一二人，则为之讼者助者纷纭矣。……若夫经历万数千年，鸠合全地万国无量数不可思议之人，同为人之形体、同为人之聪明，且人人皆有至亲至爱之人，而忍心害理，抑之、制之、愚之、闭之、囚之、击之，使不得自立、不得任公事、不得为仕官、不得为国民、不得预议会，甚至不得事学问、不得发言论、不得达名字、不得通交接……不得出室门，甚且斫束其腰、蒙盖其面、刖削其足、雕刻其身，遍屈无辜、遍刑无罪，斯尤无道之至甚者矣！而举大地古今数千年号称仁人义士，熟视坐睹，以为当然，无为之讼直者，无为之援求者，此天下最奇骇、不公、不平之事，不可解之理矣。”

其六，大同之世，教育成为推动社会发展最主要的动力，而民智的开拓则是社会基本的任务之一。“太平世以开人智为主，最重学校。自慈幼院之教至小学、中学、大学，人人皆自幼而学，人人皆学至二十岁，人人皆无家累，人人皆无恶习。图书器物既备，语言文字同一，日力既省，养生又备，道德一而教化同，其学人之进化过今不止千万倍矣。”[①]

当先发民族的先知先觉者已经探索出比较成熟的政治科学和政治哲学，在现实层面上得以驯服无限膨胀的权力这头怪兽，我们民族的最有觉悟者还沉湎于这类纯粹幻想性的东西之中而无力自拔。

① 陈寒鸣．儒家“大同”理想及其对近代中国人的影响［J］．盐城工学院学报：社会科学版，2004（1）：4–7.

四

一方面是思想家对理想社会的描述，另一方面则是文学家对乌托邦不切实际的危害所进行的反乌托邦描述。这类反乌托邦描述，最典型的当属扎米亚京的《我们》、赫胥黎的《美丽新世界》和奥威尔的《1984》。

伴随着新政权的建立，过去曾有过的乌托邦精神将会迅速滋长蔓延，而这种依附于政权的乌托邦精神，势必不同于往日的乌托邦思想，将会在主流意识形态的保护伞下逐渐丧失其高昂的理想主义光芒，一步步地蜕变成伪理想主义的谎言。著名作家扎米亚京创作的长篇小说《我们》，意在揭示乌托邦如何陷入困境。这部后来被誉为20世纪反乌托邦小说之鼻祖的佳作，以其高超的反讽艺术，展现了遥远未来的理想国——“大一统王国”的恐怖而荒诞的画面。“您的情况不妙！看来您已经有灵魂了。”在“大一统王国”里，这就是最可怕的顽症。扎米亚京以他深邃的目光，预见了即将在他的故土上发生的精神灾难。人类最宝贵的价值是个性与自由，这是反乌托邦作家共同的心声。20世纪人类所遭受的灾难从根本上讲都是对人的个性与自由的剥夺。扎米亚京以其对最早发生于俄国的政治运动的洞察，最先以艺术的形式表达了他的“反乌托邦精神”。这部反乌托邦小说不仅仅是对20世纪苏联社会形态的预见与批判，更是对人类生活中一切强权、反人性、反自由的批判。

“美丽新世界”（brave new world）一语原出自莎士比亚的剧作《暴风雨》。1932年，英国小说家赫胥黎以此为名，发表了脍炙人口的《美丽新世界》，小说中的“新世界”有高度发达的物质文明，所有一切都是自动化的。人们不愁吃穿，享受着最舒适的生活，每天下班以后，可以乘坐私人的超音速飞机，去世界各地度假旅行。经济繁荣和享受生活成为整个社会唯一的哲学理念，或者说是唯一的宗教。第一个采用流水线生产的亨利·福特则被视为新的上帝，他生产出第一辆福特 T 型车的 1908 年被采纳为新的纪元元年（小说的故事就发生在福特纪元 632 年，也就是公元 2540 年）。

赫胥黎这样推理：人类认识到了科学带来的巨大生产力，享受了流水线生产出来的丰富的物质产品，同时发现了这种生活模式的脆弱性。人类社会中的种种不稳定因素——大到战争动乱，小到失恋生病——都会影响到物质生产，进而在不同程度上使人类社会发生混乱和倒退。于是，为了保证社会的稳定和繁荣，保证各种物质能够源源不断地生产出来，实现人类的幸福，就有必要消灭这些不稳定因素。

“新世界”的设计者认识到，改造社会的基础在于改造人。以前诸次社会革命，之所以成果不大，就在于它们对人的改造还不彻底。“新世界”将利用先进的科学技术，在四个方面彻底改造人。

首先，杜绝有先天缺陷的婴儿，建立万无一失的优生体系。人的生产采用标准化的工业过程。人类的出生地不再是医院妇产科，而是类似高级养殖场的“人类孵化中心”。为了防止父母的不良基因遗传给新生儿，胎生被取消，人是直接在孵化车间里被创造的，身上只含有优良的基因，所有对社会稳定繁荣不利的基因都将被去除。

其次，“新世界”的设计者认识到，并不是所有的工作都需要高质量的人来完成。如果让有才干的人去干低级工作，他势必会感到非常痛苦，这就为社会不安定埋下了隐患。低等人的活只能让低等人去干，因为他们不会觉得在做牺牲。所以对人进行识别和分类是免不了的，识别工作从胚胎时期就开始了，不同等级的胚胎将接受不同的培养，并且用各种手段强化胚胎之间的差别，以便适应将来不同岗位的需要。比如，在胚胎发育的后期，等级越低的胚胎就供氧越少，最早受到影响的是头脑，然后是骨骼，这样就确保了这些胚胎无论在智力还是体力上都是低人一等的。

再次，只给人分类是远远不够的，还必须让每个人安心接受自己的等级，热爱自己的等级，忠于自己的等级，这样才能避免等级之间的冲突。这必须靠宣传和教育来实现。在“新世界”里，每个人从婴儿期开始就接受精心安排的说教，哪怕是在睡眠的时候，也会有一只喇叭对着你的耳朵低声细语，反复灌输各种教条。一旦人在思想上接受了社会现实，认为发生的一切都是合理的，就不会有自觉的动力去改进社会，那么社会不稳定的因素就消除了一大半。

最后，人在日常生活中还是会产生很多烦恼和痛苦，必须找到办法来消除它们。最常见的烦恼有两种，一种是性压抑，另一种是衰老。性压抑是人类社会稳定的大敌。为了使每个人的性欲都能得到充分的满足释放，“新世界”提倡性的泛交，男女之间不再有夫妻关系，而只有性交关系。至于征服衰老，这“并不是因为要保证老年人的健康，而是因为老年人总喜欢消极、退却，相信宗教，靠读书和思考混日子。他们会思考”，这是对社会稳定的潜在威胁。所以必须“给他们保健，不让他们生病，人工维持他们的内分泌，像年轻人一样，给他们输入年轻人的血液，保证他们的新陈代谢永远活跃。因此他们就不会老”。

除此以外，“新世界”还提供一种安全的麻醉药，叫作“唆麻”。这种麻醉药“具有基督教和酒精的一切好处，却没有两者的坏处”。一旦产生了各种烦恼，只要服了这种药，就会立刻昏昏大睡，醒来以后所有不愉快都会忘得一干二净。

“新世界”的设计者明白，社会稳定的关键在于控制人的思想。思想自由是最大的威胁。新思潮的出现，往往是社会革命的前奏。允许一个人自由思考，接触各种思潮，将是极具破坏力的。于是，“新世界”里不允许思想自由，因为这种自由的副作用实在太大，有可能将人类辛辛苦苦创造的物质毁于一旦。在“新世界”里，各种有害思想都像病菌一样被排除在外。人们不再需要宗教，因为没有什么可祝福和祈祷的，人们也不再信仰上帝，转而信仰亨利·福特。国家用快乐和消遣作为思想的替代品，思想的空白被各种各样的娱乐和感官上的刺激所填补。

《1984》说的是未来世界的故事。奥威尔写作这部小说的时间是1948年，于是将幻想的未来世界设定为1984年。故事的情节看上去很简单。作者预言1984年的乌托邦世界被三大国（大洋国、欧亚国、东亚国）瓜分。大洋国的首领是“老大哥”，虽然谁都未真正见过他。政府机关是金字塔一样的灰白建筑，大街小巷张贴的是“老大哥”形象宣传画，画上总是在提醒人们“老大哥在注视着你”。主人公温斯顿是“真理部”的一名小职员。他庸庸碌碌，并且害怕老鼠，每天的工作只是接受指示，把以往的报刊等文字资料进行不断地“更正”。大洋国的公民屋里总是有一个“电幕”，它是监视器和广播器的统一体，人们每天的所有行为均处于监视之下，每天从广播里接受各种宣传教育，每天做广播体操。终于，他厌倦这种生活并深深怀疑国家历史的真实性。于是，他开始记日记，到旧街、贫民窟寻找过去的日子的真正历史。他爱上另一个志同道合者裘莉亚，却只能在非常小心、谨慎的安排下见面。后来他的心智渐渐恢复，竟然想投靠反对派，结果所托非人，中计被捕。大洋国的思想警察在处决思想犯人前，先要让犯人在内心服法认罪。在严刑拷打和思想折磨面前，他做了表面的屈服，但内心却坚贞不屈，心中怀想这世上毕竟还有他的爱人不会背叛他；他也把这作为心中最后反抗的底线——不肯出卖他的爱人。最后，思想警察用一个装满了吱吱叫的老鼠的铁面罩制服了他——他最后绝望地叫道：“让它们去咬裘莉亚！”于是思想警察放了他，他与裘莉亚相遇，两人再也无法重燃激情，因为两人已相互出卖。最后温斯顿感到“一切都很好，斗争已经结束了。他战胜了自己。他热爱老大哥”。

如果说这类反乌托邦小说带有更多的预见性，试图提醒人们不要受乌托邦不切实际的幻想的蛊惑，那么像亚历山大·索尔仁尼琴的《古拉格群岛》、米兰·昆德拉的《玩笑》则宣告着地狱和天堂竟然是如此比邻而居，提醒人们摆脱乌托邦的纠缠。

当然，对乌托邦最为强有力的颠覆无疑是民主的政治科学和政治哲学的践行。一波又一波的民主化浪潮昭示着：切合人性实际的民主才可能确保个体获得最大限度的自由发展和自我保护，才可能确保人不至于僭越本性、试图要在人间建立天国，才可能遏阻人的道德自负和理性狂妄，才可能警醒人们不要自我陶醉地炮制全知全能的人间偶像。

诗朗诵使地球人七窍流血

在英国科幻片《银河系漫游指南》中，一个情节饶有趣味：外星人虏获地球人后，先绑住地球人，然后强迫地球人听诗朗诵。一则是外星人形貌丑陋可怖，二则是外星人的声音令人头皮发麻，三则是外星人的诗歌写得实在糟糕，地球人往往在外星人的诗歌朗诵中五内摧伤、七窍流血而死。

英国作家奥威尔在《动物庄园》和《1984》中也曾一针见血地描述极权专制对人的精神控制。秉承这种对精神控制保持高度警觉传统的英国作家道格拉斯·亚当斯，在《银河系漫游指南》电影原著中，以极度夸张的手法，百倍千倍地放大那种强迫人们接受某种思想的荒唐和可怖，凸显意识形态试图控制人的精神的凶残和暴虐，让人们对精神控制产生极度厌弃的想法。这部电影与《动物庄园》和《1984》有异曲同工之妙。

无独有偶，《大话西游》中也对精神控制进行了看似无厘头搞笑，实则严肃认真的思考。在唐僧诲人不倦的唠叨中，在唐僧“唵嘛呢叭咪吽”的咒语中，胡萝卜加大棒式的教育方法初见成效，使得孙悟空渐渐丧失自己叛逆不羁的本真面目，逐渐成为一个认可妖界、魔界、人界、仙界、佛界规则和潜规则的八面玲珑的成功者，最终成为唐三藏挽救失足青年的成功案例。与孙悟空接受唐僧的教育相反，在唐僧展开自己的宣传攻势、试图以唠叨来驯服两个妖精的时候，妖精不堪忍受唐僧的絮叨，自杀而死。妖精拒绝教条驯化、一心希望保持本真，却不得不以自杀为代价，精神控制和奴役力量之可怕由此可见一斑。

说到“精神奴役”，就不能不提到阿 Q。阿 Q 的话语无不染上浓重的意识形态色彩：“我手执钢鞭将你打”“和尚动得，我动不得？”“不孝有三无后为大”“过了二十年又是一个（好汉）”……所有这些都表明，阿 Q 完全成为精神被操控的土偶木梗，完全丧失了自己作为一个人的主体性。看来，一个人丧失自我首先就是丧失自己的话语体系，尔后就是丧失自己的思考能力，从而成为被别人用话语这条绳索牢牢捆缚的一个奴才。

再来看话语霸权。前几天，我们单位请了一个专家来做报告。从上午 8 点到 11 点，专家唠唠叨叨地讲着。自己的孩子不听话，专家给了他几家伙（打了几下），后来还特别见效；一篇论文的题目有 31 个字，专家改成了 16 个字——除这两点我还有点印象外，其他的就完全不清楚了。其间，我们的大会主持人还提醒专家简短一点，可是专家实在是“才高八斗”，硬是舍不得刹车。可怜台下的诸位听讲者刚开始有的发短信，有的看书，有的压低声音闲谈，后来因为天热想打瞌睡也不能，想走又有考勤，于是纷纷鼓掌提醒专家。专家似乎下了一个很大的决心说最后再讲半小时，有人在台下接了一句：“受不了啦。”这时专家才忍痛割爱，恋恋不舍地终止了自己的讲座。幸亏这位专家不是外星人，也不是唐僧，我们也不是被绑架的地球人、妖精、孙悟空，不然我们这些人可都要七窍流血而死，或者满地翻筋斗。

记得网友“刘支书助理”曾经说过，诗朗诵是可耻的。然而，七月下旬我们在岳阳开会的时候，“刘支书助理”却声情并茂、神采飞扬、亦庄亦谐地朗诵了一段北岛的诗。这且不说，他还反复动员网友“观棋不语”来一段诗朗诵，可是“观棋不语”做了好几次虚拟性的开始动作，把我们的胃口吊得很高之后，最终却硬是没有买“刘支书助理”的面子，搞得“刘支书助理”悻然不已。这一切让在场的各位笑得连话都说不出来。其实，并不是所有的诗朗诵都是可耻的，“刘支书助理”的转变就是证据；可耻的是像外星人那样以暴力的方式强迫别人听他们的诗朗诵，可耻的是把那些伪崇高、伪圣化的东西朗读得声情并茂。天长日久，我们在这种让人起鸡皮疙瘩的表演中失去辨别能力，搞不清哪些东西是真、哪些东西是假。这不由得让我想起“斯德哥尔摩综合征”来。当绑架者和被绑架者待在一起的时间足够长后，被绑架者从刚开始拒斥、害怕绑架者，一变而为觉得离不开绑架者，对绑架者产生好感。从本质上讲，“萨达姆们”扮演的就是绑架者的角色，而民众则是被他们绑架、以此来向文明世界勒索的“肉票”，而“宇宙真理”等东西不过是他们的诗朗诵而已。

诗朗诵有好几种方式。第一种是外星人式，这种方式不大容易被接受，碰上那种不配合的对象因不堪忍受诗朗诵自杀而死，就越发不合算了。第二种是戈培尔式，就是谎言重复一千遍就成了真理的那种。第三种是萨哈夫（萨达姆的那位新闻部长）式，就是真假参半往往可以收到更好效果的那种。第四种是唐僧式，就是反反复复不断唠叨的那种。第五种是伪专家式，就是恨不得把麦克风缠在腰间，非忽悠得你眼泪鼻涕往下掉的那种。第六种是“刘支书助理”式。

有朗诵者就有听朗诵者。受众的感受、表情和耐受度也是各种各样。第一种是地球人式（或者称为妖精式），就是宁可死掉也不受蛊惑、不被洗脑。第二种是全盘接受式，就是充当希特勒的炮灰的那种。第三种是孙悟空式，就是接受教育成为改造好了的青年的那种。第四种是心甘情愿被忽悠式，就是被骗得卖掉了还帮着数钱的那种。第五种是看热闹式，就是鸡皮疙瘩都起来了但还得忍着的那种。

大而言之，诗朗诵的问题其实就是语言的问题。语言既是人的精神家园，也是囚禁人的牢笼。如果一个人没有什么精神生活，习惯于被形而下的东西塞满自己的大脑，被本能驱使下的活动左右自己的手脚，那么他就把自己从精神家园里放逐出来。一个平常的人，一个没有什么原创性的人，在很大程度上是被社会规范教化，并因此获得进入社会的资格，或者是被以语言为载体的文化牢笼囚禁自己的手脚和大脑。

人的社会化程度越高，受文化的影响就越大，受本能驱使的程度也就越低。换言之，风俗习惯、法律法规、道德伦理等会在很大程度上左右人的行为；而所有的这些都毫无例外地以语言作为依托和凭借。因此，从这一点上来说，人类其实是被语言操控和掌握的。正所谓“天地之间，无所遁形”“语网恢恢，疏而不漏”。语言织成了一道绵密的大网，网住了所有以语言作为依托和凭借的众生。

6 万～ 10 万年前，现代智人操着极其简单的语言，在一些勉强可以听出意义的音节的导引之下，走出埃塞俄比亚高原，走向中东、欧洲、中亚、东北亚、北美、南美、东南亚、澳洲，凭借语言所传承的宝贵经验和智慧，从此与类人猿判然有别。他们没有想到的是，后来却有人类中的强势者占据话语优势，再次将一些人降到类人猿的地步。这是语言的不幸还是人类的不幸呢？

在痴语和悬揣中委顿

岁月长河的蚀人无形，个体生命的弱小无助，万里河山的睽隔阻滞，离情别绪的如泉喷涌，时局世事的变幻莫测，造化弄人的无穷感慨……无可奈何的锥心之痛，摧折雄心万丈的豪杰之士；金刚怒目式的愤激抗争，一变而为沦落天涯的低回婉转，再变而为悖情逆理的痴语和遥遥无期的悬揣。诗性泛滥和理性匮乏犹如一对孪生怪兽横冲直撞，直撞得李白蹉跌颠踬，杜甫泪眼婆娑，苏轼神魂颠倒，王实甫痴语连篇……本来，人性的内核应该有多个维度，其中诗性和理性应该是支撑人的精神殿堂的两根支柱：没有诗性，人会沦为经济动物、冷血杀手、道学先生；没有理性，人则会朝幼稚的低龄化方向发展，或是早熟，或是返祖。诗性昭示着人之所自和人之所至；理性则提醒人时刻注意自己的罪性和不足，引导人向摆脱朽坏的方向行进。

我并不是一个只知道贬抑诗性、褒扬理性的偏执狂。我检视行囊，发现里面盛放的并不像所说的那样丰富、灿烂、悠久、光辉。行囊里有的是小智黠慧，有的是反理性、反逻辑，有的是诗性泛滥、泛诗性化和伪诗性。比喻、比附、类比、象征等手法，这些人类在幼年时期理解力有限时的论说方式，充斥于我们自己命名为哲学的典籍之中，故弄玄虚、不知所云、牵强附会的卜辞咒语却被后人尊奉为号令天下、唯我独尊的真理，并认为是启发其他智慧的不竭的源泉。本应有明确的内涵和外延、讲究推理和分析、注重逻辑关系的言说方式，被充满多义性、暗示性、混沌性、暧昧性的言说方式（八卦算命、谶纬之术等是这种言说方式的集中体现）所取代。这种话语不能被证伪，也不能被证实，却可以被附会成赢者通吃的万能公式。一个最为典型的例子，就是三个赶考的读书人向和尚打探考试的运气时，和尚伸出一个指头的解说方式。[1] 直观经验的描述、吉光片羽的感悟使得思维层次停留在事物的浅表，并以自己感性的经验去贬损理性的分析；或是以文化的多元性相标榜，成为拒绝普世性准则的挡箭牌。

无可否认，理性有着不可避免的局限和缺憾，理性不能解决所有的问题，理性可能走向致命的自负。人类智慧仍然未有穷期，正是人性处于动物性和神性之间的最好证明。那些大义凛然、大公无私的道貌岸然者装疯卖傻、以头抢地，一本正经地上演着一出又一出荒诞剧和滑稽戏，除了一声叹息，剩下的只能是摇头苦笑了。

古代诗歌有三种言说方式引起我浓厚的兴趣，即故作痴语、故作解语和悬揣。在我看来，这三种言说方式都是有话不好好说。当然，这三种说话方式的根子不在说话者身上，而是在何种力量使人这样说话上。

先来看故作痴语。所谓故作痴语，往往是当人痛感现状不尽合理，而人的力量不足以改变现状时，诗人就为现状的形成找一个不是原因的原因，

① 对于和尚伸出一个指头，有“只有一个考中”“只有一个没考中”“三个人一起考中”等多种解读。

以获得心理上的暂时慰藉——这就是逻辑上的强加因果。且看金昌绪的《春怨》：“打起黄莺儿，莫教枝上啼。啼时惊妾梦，不得到辽西。”闺中少妇春日怀远，百无聊赖，只好到梦中与夫君畅叙离情别绪。然而，这一虚幻的幸福却被啼叫的黄莺终结，于是少妇迁怒于黄莺。在枝上啼叫的黄莺和远戍辽西的征夫之间本来毫无因果关系可言，但诗人不敢也不愿指斥穷兵黩武的皇帝把生龙活虎的男子变为无定河边的枯骨，把恩爱和美的夫妻生生拆散为哀怨的征夫思妇。诗艺之美可谓观止矣，然而未免让人感到憋屈气闷，神萎气虚。再看方泽的《武昌阻风》：“江上春风留客舟，无穷归思满东流。与君尽日闲临水，贪看飞花忘却愁。”旅途偃蹇怎么说也是一件窝火的事，但诗人以诗性的自适来消解内心的焦虑，武昌柳树的片片飞絮把诗人暂时带到一个物我两忘的境界，主体的迷失也就不可避免。造化的力量和人世的难堪就这样折损着我们的肉身，消磨着我们的灵气。

苏轼的《海棠》云：“东风袅袅泛崇光，香气空蒙月转廊。只恐夜深花睡去，故烧高烛照红妆。”官场的龌龊、党争的血腥，使诗人倍感风花雪月的抚慰之难得，于是苏轼有了这孩子气的动作和孩子气的想法：点燃蜡烛，照亮海棠，在这样光亮的世界里，海棠与诗人良宵晤对。乌台诗案使苏轼身心俱疲，此前和当下的诗人都不能去反思官场的黑洞本性。“偷得浮生半日闲”，且向花间寻逸趣，这逸趣是如此让人迷醉，以至于让人“错把他乡作故乡”。

王实甫的《西厢记》中有这样一句：“柳丝长玉骢难系，恨不倩疏林挂住斜晖。”宋祁的《玉楼春》下阕有云：“浮生长恨欢娱少，肯爱千金轻一笑。为君持酒劝斜阳，且向花间留晚照。”虽然有“羽化而登仙”的梦想，但易朽的肉身注定使人成为时间长河里的一滴水珠——每念及此，怎不令人黯然泪下、痴语连连？怎不令人油然而生必欲得系日长绳而后快的念头？

故作解语则是对无法排遣的人生苦况的一种片刻的解脱，这种解脱犹如无边黑暗中的一星烛光，烛光灭掉后则是更为厚重的黑暗。因而故作解语往往意味着更浓的苦涩、更重的悲凉、更多的无奈、更深的凄怆不可阻挡的到来。李商隐的《宿骆氏亭寄怀崔雍崔衮》云："竹坞无尘水槛清，相思迢递隔重城。秋阴不散霜飞晚，留得枯荷听雨声。"云树之思绵密悠长，就像秋天厚重的云层，即使是重城也阻隔不了相互思念。这相思无由排遣，这雨声如此清晰，我姑且谛听雨打枯荷之声，转移对友人的思念——不管这转移、解脱之后是更深的惆怅和失落，还是排山倒海般的更深的思念。蜷缩的身躯与脆弱敏感的心，就这样躲在自己营造的解脱的文字后面，成就了李商隐在中国诗史上别具一格的诗风。

陈草庵的《山坡羊》云："伏低伏弱，装呆装落，是非犹自来着莫。任从他，待如何。天公尚有妨农过，蚕怕雨寒苗怕火。阴，也是错；晴，也是错。"抗争型人格的泯灭、彼岸性关注的缺失和逆来顺受型甚至自甘受虐型人格的形成，在这里得到了最集中的体现。暴政和顺民的出现谁先谁后，也许是"鸡生蛋还是蛋生鸡"的问题，二者之间可能是"风助火势，火借风力"的关系。柔弱的躯体匍匐在暴君脚下战栗，或是转瞬之间成为挥刀屠戮、毙人无数的暴民（暴力美学是这一现象的生动说明），其实这只是一个问题。解脱是不可能的了，于是只有在待宰的两脚兽和执刀的屠夫之间被拨来拨去。

悬揣是一种过分发达的想象力，一般是身处当下之苦境悬想未来之乐境，或者不说己身，遥想对方。它的功用同样是缓解痛苦，释放忧愁。最为经典的悬揣是李商隐的《夜雨寄北》："君问归期未有期，巴山夜雨涨秋池。何当共剪西窗烛，却话巴山夜雨时。"仕途的偃蹇、时光的阻隔、情愫的难诉、相见的无期、凄苦的风雨、温暖的西窗，把敏感多愁的诗人抛到低回迷醉、无力自拔的想象之谷。情感的体验如此让人沉迷，理性的沉潜如此遥不可及。杜甫的《月夜》云：“今夜鄜州月，闺中只独看。遥怜小儿女，未解忆长安。香雾云鬟湿，清辉玉臂寒。何时倚虚幌，双照泪痕干。”战乱戕残人的生命，斫丧人的性灵，以至让人发出“宁为太平犬，不做乱离人”的慨叹。频仍的战乱成为民族记忆中被刻意遮掩、不愿触及的永远的伤痛，黍离之悲成为一个挥之不去的梦魇。政权更迭的无序性催生出疯狂的兽性，并让人在暴力的迷香中不知不觉产生一种饮鸩止渴似的依赖。与此同时，正义的软弱也在助长邪恶的凶残。诗圣苦难的无奈和无限的后撤把他引到一个想象的孤岛，淋漓的鲜血和惨淡的现实把直面的视线逼得掉头他顾。

悬揣在现实中的一个重要功能是把对方妖魔化。在一个事实或者一个判断面前，悬揣者首先产生的反应是：“如此这般定然是居心叵测，包藏着险恶用心。”顺着这种思路发展下去，自己首先抢占道德制高点，然后指责对方，从而完成了建立在对对方动机的揣测的基础上的没有任何逻辑可言的一番“论证”。

让泛滥的诗情被理智的人遏阻！

让稀缺的理性得到培植的土壤！

谁在绑架我们的美好情感

我们天然地拥有一些美好的情感：对父母的依恋、敬重，对配偶的忠诚、爱护，对子女的呵护、关心，对朋友的相知、怀念，对邻里的关怀、体贴，对身处困境的人的恻隐之心，对名山大川、草木虫鱼的好奇，对大自然的审美感受，对宇宙的探索、敬畏……种种美好的情感让我们的内心变得柔软、细腻，让我们在真善美的熏陶下变得智慧，变得善良，变得具有审美能力。

父母赋予我们身体，同时向我们的身体灌注灵气——我们在母亲的怀抱里得到乳汁的营养，感受母亲的大手摩挲的爱意，听着母亲睡意朦胧的民谣和眠歌，得到毫无保留的爱的抚育；我们在父亲的 1001 遍的教诲下，在父亲的严厉目光下，在父亲的殷切关注下，在父亲的眼神鼓励下，走进社会，适应规则，成为一个社会的人。弗罗姆在《爱的艺术》中说：“母亲是我们的故乡，是大自然、大地和海洋。……父亲虽然不代表自然世界，却代表人类生存的另一个极端，即代表思想的世界，人所创造的法律、秩序和纪律等事物的世界。父亲是教育孩子，向孩子指出通往世界之路的人。”“一个成熟的人最终能达到他既是自己的母亲，又是自己的父亲的高度。”长大以后，我们会学着自己父母的样子，像他们那样对待自己的配偶和孩子。

“远亲不如近邻。”乡里乡亲、街坊邻里、儿时玩伴、知心密友、青梅竹马，这些词语承载着我们对故园的眷恋，对找回童年的魂牵梦萦的痴心，对回归身体和精神的母体的无尽的永恒的情愫。我们和朋友嬉戏、吵闹、打架、生气，过不了几天就和好如初；我们相互交换食物、心得、见闻，不分彼此地换着衣服穿，一起发泄对老师罚自己的不满。当我们在学校被欺负时，朋友会挺身而出；当我们被他人威胁时，朋友会温言解劝。我们和朋友分享、合作、互相安慰。

但凡一个心智正常的人从呱呱坠地之日起，无不秉持赤子之心，开始打量这个神奇的世界——太阳是多么耀眼热辣，光芒四射；天空是多么浩渺无边，瓦蓝瓦蓝；夜空多么神秘深邃，令人敬畏；月亮是多么婉约动人，纤弱明净；星星是多么调皮可爱，爱眨眼睛；山岳是多么高峻崚嶒，硬气磊落；河流是多么浩浩荡荡，不可阻挡；草木是多么感时识节，顺应自然；生灵是多么不屈不挠，坚守本心……一切的一切，在赤子眼里无不显得那样自然和谐、圆润饱满。

然而，光明、美好、纯真、善良的东西往往显得那么脆弱。源于人们内心深处最黑暗的部分总是想战胜最光明的部分，最丑恶的部分总是想战胜最美好的部分，最虚假的部分总是想战胜最纯真的部分，最邪恶的部分总是想战胜最善良的部分。人性中残存的动物性本能驱使人们按照丛林法则行事，奉行“拳头越大，权力越大”的动物世界准则，千方百计绑架我们的美好情感，使得真善美成为假恶丑的人质，并为之背书，甚至最终与绑架者合谋，上演各种版本的斯德哥尔摩综合征的喜剧、悲剧和闹剧。

父母之爱、子女之爱是人伦的基石，是没有任何附加条件的纯粹感情。绑架者看上了这份感情，在孝敬长辈的虔诚之心里绑上服从强者、敬服统治者的烈性炸药，“忠心”这个江洋大盗穿上“孝心”这个淳朴之子的衣服，逼迫人们像孝敬父母那样去忠于强权者，甚至逼迫人们把孝敬父母的情感完全拿来献给强权者（忠孝不能两全的时候，绝对是由忠来主导）。于是，“忠”坐上了“忠孝节义”的头把交椅，人伦之维的“孝”“节”“义”统统只能跪倒在“忠”的面前，叩头如捣蒜。“赢家通吃”的准则使得“忠心”这个江洋大盗拥有 100% 的股份，“孝”“节”“义”可有可无，只不过是替“忠”打工的临时工。“父母—子女”“夫—妻”“朋—友”这些具有自然法则性质的美好关系，被“君—臣”这个具有强权色彩的等级关系所置换，直到被完全掏空：“君君臣臣父父子子”“臣事君以忠”“君子之事亲孝，故忠可移于君”“夫孝，始于事亲，中于事君，终于立身”“饿死事小，失节事大”“孝以事君，悌以事长，示民不贰也”……我们的美好情感只是一个论据，一个为了论证出君王比爹娘都还要亲的论据。

不光我们的情感被劫持，日月星辰、天地山川所蕴含的自然法则也遭到践踏，也被置换成君臣关系的等级尊卑秩序。天地间的事物成为论证君尊臣卑的论据，成为论证王权合法性的论据：“天尊地卑，乾坤定矣。卑高以陈，贵贱位矣”“泰山封禅”“香草美人”“河清海晏，时和岁丰”“圣人出，黄河清”……这类神话不断刷新，显示出我们汉语中的神话色彩曾经何等浓烈。

郭初阳签名本奇遇记

2006年12月中旬，在阿肯的博客上，我就看到郭初阳著《言说抵抗沉默》的书影。之后就一直在高兴和期待之中：高兴的是，初阳的课堂实录终于付梓，成为最先显露头角的翘楚，真正可喜可贺；期待的是，他想赠给我的书应该马上就可以到我手上，先前在网上浮皮潦草地看到的教案，这下可以沉潜把玩，学以致用。就这样，我每天都看收发室外的黑板上有没有我的名字，隔几天就去问一下收发室的老师，与他很仔细地讨论从杭州寄达我们这里需要多少天，然而终是不见邮件寄达的消息。

2007年1月15日，我用手机给初阳发去一首题为《一月十四日风雨大作》的诗：“朔风日紧折芳菲，冷雨连绵锁草莱。不信三春自此去，邀听二月响惊雷。”初阳就问我去年12月中旬就已寄出的书是否收到。我仍然充满希望地告诉他还没收到，兴许还在路上走呢。

于是又在期待中度过这一周：我的眼睛不行，就麻烦办公室年轻的同事们，帮我从二楼看一楼的收发室外的黑板上有没有我的名字；连续几天雨雪不断，光线不好，自己就绕到收发室那里去看；有次看到我的名字，欣欣然去找管收发的老师，结果是我邮购的《浮士德》《张元济传》等书到了。

却说星期天上午，睡了一个难得的懒觉后，我决计到旧书店去买几本书。信步穿过“王子豆业”“帝王煤场”，来到汉江边，这里有三家旧书店，平时我有空总喜欢来这里转一转，也曾淘到一些让我很喜欢的书。我与旧书店老板也有些熟络，边翻书边与老板聊天，倒也让我这囊中羞涩、只在旧书店能找到感觉的人颇有几分“生活如此美好，此生夫复何求”的感受。在第一家看了看，我问老板在汉口书市搜没搜到《李太白集》的第三本、《读通鉴论》的第三本、《世界通史资料选辑》（近代部分）的上册。老板说最近天冷，又下雨下雪的，没去汉口；又说，这几本书总是要蓄心去找的，在这里买的书，总会留心配齐的。

我又来到第二家书店，先从右边看起，看中了网格本的《唐璜》一套两本，上海古籍出版社的影印本《世说新语》一套两本，人民文学出版社的《卡拉马佐夫兄弟》一套两本、《陀思妥耶夫斯基中短篇小说选》一套两本，中华书局的《魏源集》下册残本，还有一本《水浒新议》、一本《沔阳县志》。正准备结算付账，我突然看到一个熟悉的书影：那不就是《言说抵抗沉默》吗？这惊鸿一瞥让我一边在心里嘀咕“谁这么快就把郭初阳的新书当废旧书处理了”，一边拿过书翻起来。这一翻不打紧，我马上就看到扉页上的“祖祥兄留存。郭初阳 2006.12.16”。我屏住呼吸，竭尽全力不让自己眩晕；我咬住牙，竭力不使自己发笑——但我还是笑了。这是怎么回事？我定一定神，不让自己笑得太开心，以免老板喊高价。老板满腹狐疑地看了我几眼，指着《言说抵抗沉默》淡淡地说：“这本 5 块，加先前的 90 块，一共 95 块。”我说：“优惠点吧。”老板说：“93，优惠

2块。”我装出一副不动声色的样子付过账，就问他卖这本书给他的人是什么样子，还卖其他书没有，哪天卖给他的。老板说：“大概十多天前吧。当时那个人还卖了一些书，总有四五十斤。这里还有一本。”说完他递给我一本书法集。我接过来，看扉页上也有题赠。我有些愤然，和老板探讨起这件蹊跷事情来。

这时我也不担心老板漫天要价，就把与这本书有关的前前后后的事都跟老板说了，我说这一多半是某些员工做出的缺德事。这下子我只有满腔的愤怒，于是骂了几声这些家伙！骂过之后，对着老板笑一笑，我就拎着书从汉江大堤上回家。

在冷冽的江风的吹拂下，我不由得想到鲁迅慨叹送给白莽的《裴多菲诗集》落到三道头之类的手上，真是“明珠投暗”。又想到鲁迅《〈孩儿塔〉序》里的话：“这《孩儿塔》的出世并非要和现在一般的诗人争一日之长，是有别一种意义在。这是东方的微光，是林中的响箭，是冬末的萌芽，是进军的第一步，是对于前驱者的爱的大纛，也是对于摧残者的憎的丰碑。一切所谓圆熟简练，静穆幽远之作，都无须来作比方，因为这诗属于别一世界。”信马由缰的思绪漫无涯际，如滚滚东逝的江水流向郭初阳所在的东方。

我和初阳相识，是在李镇西主持的“教育在线”上；在那里我又逐渐认识了蔡朝阳、李镇西、周迪谦、魏勇、周仁爱、吕栋、刘艳坤、李玉龙。一干人等每日里板砖下出生入死，口水里奄奄待毙，过着一种啸聚论坛的虚拟绿林好汉的生活，倒也能叙罢年齿后称兄道弟；待到后来，只是偶尔在“第一线”上冒一个泡，在博客上唱个肥喏，兄弟之间的情分不减反增。

日历翻到2006年7月21日，李玉龙和周迪谦、魏勇等人在岳阳开研讨会，迎来《潜规则：中国历史中的真实游戏》《血酬定律：中国历史中的生存游戏》的作者吴思、《言说抵抗沉默》的作者郭初阳。闻听此讯，我带上孩子到了岳阳，与一帮弟兄热情地打过招呼后，就等着初阳的到来。约莫下午三点钟，听得初阳已到，一干人到宾馆前列队欢迎：一个温文尔雅、笑意盈盈的江南才子站在我们面前。后来进入宾馆，大家海阔天空，东拉西扯，我发现初阳其实是一个和王雷一样内敛沉默的人，一个乐于倾听的人。接下来的日子真有“岳阳一天，平常一年”之感，我听了初阳的两节课：一节写作课《留白》，一节《珍珠鸟》。这两节课密度之大、手法之新、挖掘之深、调动学生之广，让我对“厚积薄发”这个成语有了新的认识，也让我觉得，郭初阳是语文教育方面的叶圣陶、夏丏尊一流的人物的话洵非虚言。

更为难得的是，初阳的课堂有一种勃勃生气在流动。这种生气体现为对学生心智发育的生成性的关注，而不是那种以教师为中心的逞才炫能式的表演；体现为对超越国界、超越民族的真正智慧的服膺，而不是那种局促狭隘的情感的煽动；体现为与最美好的人类情感的共鸣，而不是关在家里把施虐和受虐美化为人类的共性。在没有最低只有更低的精神普遍“矮化”的今天，在即使是一些知名学者也不过尔尔的今天，在一些人成为语文教育界“大师”的今天，郭初阳的横空出世“有别一种意义在”，因为他“属于别一世界”。

从家乡到故乡

“离别家乡岁月多，近来人事半消磨。”老诗人贺知章晚年离开京城，告老还乡，回到念兹在兹的越州永兴（今杭州萧山）。河流、稻田、阡陌，往事、人物、乡音……这些萦绕在心头的乡情，是游子挥之不去的心结。我们跟随诗人的脚步，一起感受田园将芜的惆怅、物非人非的悲怀、乡情淡薄的怅惘、美好往昔的召唤、深情缱绻的告白。即使“每一个人的家乡都在沦陷”，即使回乡可能是一种惩罚、一种苦役，即使父老乡亲、家园情怀似乎只具有纸面上的意义——家乡仍然是一个具有强大吸引力的空间，思乡之情仍然是文学的母题之一。地理空间上的相依相存，心理认知上的深度认同，是产生思乡之情的根本原因。

我们没有生逢文豪的幸运，没有衣锦还乡的荣耀，但与老诗人一样，也有不变的乡音、岁月的风霜、儿童的问询、家园的睽隔。今天我们虽然在水泥森林里以戴着面具、心为形役的方式而生存，但内心深处仍然涌动着一种强烈的愿望——“久在樊笼里，复得返自然”。

与贺知章刚好相反，韦庄是从战乱频仍的北方辗转迁徙到南方。“未老莫还乡，还乡须断肠”让人费解，但到了一定年纪后，我似乎有了新的认识：人在年轻的时候，往往伤春悲秋、多愁善感，容易生发“怀旧空吟闻笛赋，到乡翻似烂柯人”的感慨。这个时候就不要回乡，干脆在异乡混混沌沌地为稻粱谋。到年老体衰、兴味索然的时候，春风吹不起半点涟漪，这个时候回乡，不会再有断肠之苦、怀旧之悲。

项羽有一个关于“故乡”的说法：“富贵不归故乡，如衣锦夜行，谁知之者。”率直的炫耀之心让项羽走上失败的不归之路，也让人看到故乡所具有的强大吸引力。“举头望明月，低头思故乡”，写出了故乡与月亮如影随形，总是萦绕在人们心头。时间是故乡的关键因素，就像年份是醇酒的构成要素一样，越是长时间不回故乡，越是对故乡魂牵梦萦。

家乡是一个空间概念。当一个人说想家的时候，他可能离家不长时间，空间的阻隔只不过让他更添回乡的决心。春运被称为人类史上规模最大的迁徙，是克服空间阻隔的蔚为壮观的奇迹，是乡愁的一次最为集中的释放。

故乡是一个时间概念。当一个人说梦回故乡的时候，他可能有着时空的双重阻隔，更有情感上的物非人非之感，让他顿生“树犹如此，人何以堪”的喟叹。于是，他会这样安慰自己：家乡安顿肉身，故乡安顿灵魂。

离乡与怀乡仿佛构成了一个悖论。眷恋家乡的浓厚情感并不能让他稍微放慢离乡的脚步，他会义无反顾走向远方，默念着“生活在远方”“此心安处即吾乡”，开始憧憬寻梦之旅，在异域他乡扎下根来，枝繁叶茂，融入当地；然而，每当夜深人静的时候，每当偶然听到老乡的乡音而惊喜莫名、急于攀谈的时候，每当听闻家乡的人或事的时候，他会不由自主地泛起怀乡之念，可能会来一场说走就走的回乡之旅，可能会回到母校重温少年的悸动、爱情的萌动，感叹时光易逝、岁月不居。这个永远的二律背反具有如此强大的张力，成为人们内心深处不断纠缠自己的执念，成为艺术乐此不疲、常写常新的母题。

《奥德赛》是一部描写奥德修斯历尽艰险、返回故乡的史诗。古希腊人虽然在海上扬帆远航，但在战胜敌人之后，急切地希望回返故乡，即使饱经磨难也无怨无悔。于是回归故乡具有了一种终极意义，因为故乡就是家庭、爱情、责任、荣誉、财产、文明的代名词。与此大异其趣的是，本杰明·富兰克林却说：“哪里有自由，哪里就是我的国家。”爱因斯坦奉此为圭臬。托马斯·曼则是自带家国：“我在哪里，哪里就是德国。”如此自信、决绝的说法，无视家国的地理意义，看重文化、语言、自由的精神意义，反映出四海为家的博大胸怀。